생존
독서

진짜 어른을 위한
독서 자기계발 바이블

생존 독서

김은미 지음

어떤 순간에도 삶의 주인이 되어, 마침내 성공에 이르게 도와주는
마음성장학교 김은미 대표의

**마흔, 그 깨달음의 시간을 담은
독서 자기계발 바이블**

▍ 다시 생존독서

바닥에 납작 엎드려 '나는 누구인가?' '왜 살아야 하는가?'를 묻고 또 물으며 답을 구하던 마흔의 시간은 나를 이전과는 다른 삶으로 안내했다.

당시 나는 개인적인 삶의 고통을 말로 표현할 길이 없었다. 책 이야기 뒤에 숨어서라도 내 삶의 가장 깊은 곳에서 일어나고 있는 치유와 변화, 성장의 시간을 기록해야만 했다.

내 것이라 믿고 있던 것들이 예측하지 못한 일로 인해 모두 사라졌다. 비로소 숨 쉬고 있는 지금 여기만이 오롯이 내가 누릴 수 있는 행복의 전부라는 것을 깨닫게 됐다. 그러자 많은 것이 달라졌다. 세상의 눈치를 보던 나는 온데간데없이 사라지고 오직 지혜에 따라 살아갈 수 있게 됐다.

『생존독서』는 2014년 썼고, 2016년 출간됐다. 내 인생의 가장 어두운 시절 나는 가장 밝은 빛과 동행하며, 하루하루 나를 지키기 위해 입었던 생존의 갑옷을 벗고, 내가 되는 경험을 했다. 이 책은 바로 그러한 여정의 기록이다. 생존 그 이상의 삶으로 안내하는, 독서와 글쓰기, 산책과 명상을 통해 마음과 의식이 성장하는 동안 나는 나, 너, 우리 모두에게 이로운 삶이 있음을 알게 됐다.

나는 이 책을 쓰면서 매일 신의 음성을 들었다. 부족한 지혜를 간구하며, 가난한 영혼에 채워 주시는 지혜로 인해 폭풍 속에서도 평안에 이르는 길을 찾았고, 삶의 어떤 어려움 속에서도 끝까지 사랑을 선택하는 사람이 됐다.

나는 어디든 조용히 스며드는 햇살처럼, 냇물처럼, 산들바람처럼 그렇게 존재하며 흐르는 삶을 살아간다. 가끔 예측하지 못한 일 앞에서는 한숨이 나오고, 가슴이 아프고, 눈물이 나기도 하지만, 다시 햇살과 냇물과 산들바람이 그렇듯이 나도 그저 흘러간다.

진정한 어른으로 살아가고자 하는 이들을 위해, 마음성장학교 코치님들을 위해, 사랑하는 아들 혁을 위해, 내 인생의 변곡점이 되어 준 나의 마흔을 기념하기 위해, '나는 누구인가?'답을 찾는 이들을 위해 다시 『생존독서』를 출간한다. 부디 누군가의 '나를 찾아가는 여정'에 도움이 되길 소망한다.

2024년 5월 21일
김은미

살기 위한 지혜를 독서에서 받아 자신을 빛낸 다음,
세상에 그리고 사람의 역사에 공헌해야 한다.
_ 시미즈 가쓰요시

▌프롤로그

우리가 살아남는다는 것은

산다는 것은 고통스럽기 마련이며,

살아남는다는 것은 고통 속에서 의미를 발견해야 하는 것이다.

삶에 어떤 목적이 있는 것이라면, 고통에도 그리고 죽음에도 반드시 어떤 목적이 있어야 할 것이다. 그러나 아무도 이 목적이 무엇인지 다른 사람에게 말해 줄 수는 없다.

각자가 스스로 찾아내야 하며, 자신의 해답이 제시하는 책임을 받아들여야 한다.

그렇게 하는 데 성공한다면 그는 모든 모욕에도 불구하고 계속 성장할 것이다.

빅터 프랑클 『죽음의 수용소에서』, 고든 울포트 교수의 서문 중에서

하루하루 바쁜 일상을 시작하며 만원 지하철에 몸을 싣고 출근하는 당신, 최소한의 자리도 확보되지 않는 공간 속에서 간신히 버티고 서 있을 당신에게 '책을 읽자.'고 하는 소리가 어떻게 들릴지 생각해 본다. 먹고사는 것도 힘든 시대에 조용히 앉아 책을 읽으며 자기만의 시간을 갖는다는 것은 누군가의 버킷리스트에나 오를 만한 꿈이 되어 버린 지 오래다.

그러나 여전히 '리더(reader)가 리더(leader)가 된다.'는 말은 누구나 알고 있는 상식이다. 그래서 현실의 문제에서 돌파구를 찾고 희망찬 미래를 꿈꾸는 사람들은 책 속에서 새로운 길을 모색하고자 한다. 실제로 책 읽기와 글쓰기를 통해 삶을 180도 바꾼 사람들의 사례는 우리 주변에서 쉽게 찾을 수 있다.

사람들은 대부분 책을 통해 성공한 이들의 수많은 사례를 보면서도 그들이 원래 특별한 사람들인 것처럼 자기와는 상관없는 일로 받아들인다. 그러나 그들도 책을 읽기 전에는 당신과 같은 평범한 사람이었다. 단지 책의 효용을 알고, 귀하게 접하며 자신을 비추고, 바꾸고, 넘어서는 잣대로 삼았다는 것이 다를 뿐이다. 그러면 어떻게 읽어야 삶에 변화가 일어나고 인생이 바뀌는 것일까? 많은 독서가가 자신들의 독서 경험을 살려 '이렇게 읽어라! 저렇게 읽어야 한다!'고 방법을 제시하고 있다. 그러나 이러한 방법들이 아직 책과 친해지지 못한 독자들에게 얼마만큼의 효용이 있을지 의문이 든다. 어떤 사람도 다른 영혼의 지시와 명령에 의해 변화될 수 없다. 오직 자기 안에서 감동과 감화가 이루어지고 그것이 행동으로 옮겨질 때 변화는 시작된다. 삶의 변화를 일으키는 책 읽기가 되려면 스스로 주인이 되어 읽고 쓰는 과정이 반드시 필요하다.

나는 지난 20여 년간 유치원부터 초·중·고 학생, 성인에 이르기까지 많은 사람과 책을 읽고, 나누고, 글 쓰는 작업을 해 왔다. 책을 읽고 글을 쓰는 과정은 새로운 지식을 습득하게 되는 것은 물론이고, 이제껏 알아차리지 못했던 것들에 대한 깊은 통찰을 경험하는 시간이 된다. 지속해서 이와 같은 경험을 하면 의식이 확장되어 이전 삶의 패턴을 벗어나 더 넓은 열린 시각과 마음을 갖게 된다. 이렇게 되면 당신이 원하는 방향으로 삶이 변화하기 시작한다.

　이제 발등의 불을 끄기 위한 임시방편적인 삶의 패턴에서 벗어나 '인류의 거인들'의 지혜와 통찰을 배울 수 있는 책 읽기와 글쓰기를 시작하길 바란다. 한 끼 식사비만 내면 언제든 만나 주는 친절한 그들이지만 당신이 스스로 만나기를 청하지 않으면 절대로 만날 수 없다. 만남의 선택권이 그들에게 있는 것이 아니라 당신한테 있다니 얼마나 매력적인 데이트인가. 당신이 원하는 시간에, 원하는 장소에서 원하는 만큼 만날 수 있다.

　나는 당신이 이 책을 읽고 책에 대한 그동안의 편견에서 벗어나길 바란다. 그리고 책 읽기를 통해 삶을 바꾸는 방법을 경험하고, 행복한 책 읽기의 방법을 알게 되기를 바란다. 그래서 당신이 오늘, 지금 여기에 집중하고, 어제와 화해하며, 내일을 꿈꾸게 하는 완벽한 도구를 갖게 되길 바란다.

　독서와 글쓰기는 책을 쓰고, 공부하는 사람들만의 전유물이 아니다. 살아 있는 우리, 한 사람 한 사람이 '진정한 자기 자신'에 도달하기 위해 꼭 필요한 도구다. 현재의 삶이 어떠할지라도 자신을 지키며, 온전히 나로 사는 삶의 의미를 알게 하고, 성장하게 하는 동력이다. 이제 독서는 지식만을 전달하는 수단이 아니라 치유를 위한 도구이며 공감과 소통의 통로다. 그리고 당신을 창조적 성장으로 이끄는 매개체이다.

　나를 살리고 세우는 『생존독서』를 통해 당신에게 책 읽기와 글쓰기가 춥고 배고프고 외로울 때 어머니가 차려 주신 따뜻한 밥 한 그릇처럼 먹어도 먹어도 질리지 않는 영혼의 양식이 되길 바란다.

2016. 3

김은미

차례

chapter 1 ‖ 나를 일으키고 세우는 생존독서

chapter 2 ‖ 책을 통해 진짜 나를 만나는 법

chapter 3 ‖ 책 속에서 발견하는 살아갈 힘

 chapter 4 ‖ 책 읽기의 모든 것

chapter 1

나를 일으키고 세우는
생존독서

학생, 주부, 회사원, 교사, 공무원 등 다양한 직업의 사람들을 만나 책을 읽고 나누는 작업을 하는 나는 많은 사람의 목표가 부자가 되는 것에 집중되어 있는 것을 어렵지 않게 볼 수 있다. 부자는 좋은 것이지만 때론 그 생각이 많이 왜곡된 것을 발견한다. 나이가 어릴수록 올바른 가치관이나 신념 없이 그저 부자가 되어 여유 있게 여행하고 마음껏 쇼핑하며 살고 싶다는 마음을 표현한다. 어른들도 크게 다르지 않다.

  요즘 사람들은 어떻게 하면 성공을 해서 부자가 되어 볼까 하는 마음으로 가득 차 있다. 그러나 하루하루 정해진 패턴에 맞춰 살다 보면 길을 모색할 궁리를 해 볼 시간을 내기도 쉽지 않다. 안정된 일상에서 벗어나 새로운 일을 모색한다는 것은 더더욱 힘든 일이다. 『마당을 나온 암탉』(황선미, 사계절)에서 산란계인 '잎싹'이 양계장을 나와 홀로 들판으로 간 것과 같이 생명을 건 무모한 모험이라는 생각을 하게 된다. 그럼에도 평범한 일상을 사는 사람들의 마음을 떠나지 않는 것은 '부자가 되려면 어떻게 해야 할까?' 하는 생각이다.

  부자가 되려면 시대의 변화와 흐름에 맞는 부가가치를 창출해야 한다. 인류의 역사는 인간의 필요에 따라 어떤 부가가치를 창출하느냐에 따라 발전해 오고 있다. 그 시대 사람들의 필요를 찾아내서 그 필요를 잘 섬길

때 '부'가 창출됨을 볼 수 있다. 그 첫 번째는 신석기시대의 농사혁명이다. 농사와 목축 기술의 발견으로 인류는 정착생활이 가능하게 되었고, 의식주 생활과 사회 전반에 큰 변화가 일어났다. 이후 18세기 영국에서 시작된 산업혁명으로 대량생산이 가능해지면서 자본주의와 그에 따른 소비문화가 발달하게 됐다. 이어 20세기 지식정보화 시대를 맞이하게 되면서 지식과 정보를 공유하며 누구나 필요한 지식을 사용하고 재생산할 수 있게 되었다.

그렇다면 21세기를 사는 우리는 어떻게 살아가야 하는가. 어떤 것을 붙잡아야 부유하고, 여유로운 삶을 살 수 있을까? 21세기는 지식혁명의 시대이다. 지식과 지식을 서로 연결하는 네트워크의 시대다.

네트워크를 통해 부를 창출한다. KakaoTalk이나 Facebook 등이 좋은 예이다. 미래의 부를 차지하려면, 넘쳐나는 지식을 선별해서 하나로 모을 수 있는 집중력이 필요하다. 지식과 정보를 활용하여 문화를 자기만의 시각으로 재창조할 수 있는 능력을 갖춘 '영적인 능력의 사고하는 인간', '통찰력이 있는 인간'이 리더가 된다.

이러한 능력은 책을 읽고, 사고하고, 공감하는 가운데 키워진다. 책으로 하는 독서는 인터넷에 넘쳐나는 단편적인 지식을 읽는 활동으로는 결코 얻을 수 없는 것을 가져다준다. 세상의 이면을 알아차릴 수 있는 '통찰의 힘'이 바로 그것이다. 결국, 책을 읽는 자가 리더가 된다는 말이다. 하지만 그저 읽기만 하는 것으로는 부족하다. 읽고, 쓰고, 생각하고, 나누는 가운데 원하는 대로 인생이 바뀌는 놀라운 기적이 일어난다.

『생존독서』는 한 권의 책을 읽더라도 스스로를 살리고 세우는 힘이 있는 독서를 하라는 의미다. 즉, '현실의 어려움을 책 읽기를 통해 극복하고,

내면의 거인을 깨워 세상과 동행하는 조화로운 삶을 살자'는 뜻에서 쓴 책이다. '생존'이라는 단어는 '살아남다, 살아 있다, 살다'라는 뜻이 있다. 하루하루 사는 것이 힘겨운 오늘이지만, 나는 당신이 좀 더 의미 있고 행복한 삶을 누리는 부자가 되길 바란다.

인류의 역사를 살펴보면 책을 읽고, 글을 쓰는 것은 어느 대륙, 어느 나라를 막론하고 지배계급만의 특권이었다. 평범한 백성에게는 글을 가르치지도 않았고, 가르치는 것 자체가 엄격하게 금지되어 있었다. 왜 그랬을까? 책을 읽고, 글을 쓴다는 것은 지식과 지혜가 전달되고, 사고할 수 있는 사람이 된다는 의미다. 고대 사회의 지배계급은 그저 먹거리만 제공하면 마음껏 부릴 수 있는 '말하는 짐승'이 필요했기 때문이다.

우리나라는 전 세계 어느 나라 지배층에서도 찾아볼 수 없는 애민 정신을 가진 세종대왕에 의해 1446년 10월 9일 훈민정음이 반포되었다. 하지만 이후 지배계층의 반대와 핍박으로 훈민정음이 백성에게 널리 퍼져 사용되기까지는 오랜 시간이 걸려야 했다. 최근 최초의 한글 소설이라고 밝혀진 『설공찬전』이 나오기까지 89년이 걸렸고, 이후 『홍길동전』이 나오기까지 83년의 세월이 더 걸렸다.

1923년에 국립중앙도서관의 전신인 조선총독부도서관이 생긴 것을 기준으로 보면, 대중이 마음껏 책을 읽고 글을 쓸 수 있게 된 것은 길게 봐도 불과 100여 년밖에 되지 않는다. 그런데 이해할 수 없는 것은, 책을 읽고 글을 쓸 수 있는 자유가 있음에도 많은 사람은 텔레비전이나 스마트폰에 시선을 고정한 채 길고 긴 인류의 역사 이래 어렵게 찾아온 지식과 정보를 공유하고 누릴 수 있는 자유와 특권을 쉽게 외면하고 포기해 버린다는 것이다.

그 이유는 유치원부터 시작되는 초·중·고 교육과정을 따라가다 보면 그 원인을 쉽게 알 수 있다. 한 권의 책을 깊이 읽고 오감으로 느끼며 자기만의 지식으로 재창조하는 경험을 해야 하는 학교에서 아이들은 15년 동안 조각조각 쪼개진 단편적인 지식을 읽고 받아 적고 외우기만 한다. 유치원과 초등 저학년 때 책을 좋아하고 스스로 읽기를 즐겼던 아이들도 학년이 올라가면서 책과 멀어져 중학생이 되면 책과 결별하게 된다. 발등에 떨어진 불을 꺼 주는 문제집과 자습서를 암기하여 시험 준비를 하는 것이 현실적으로 더 중요한 일이기 때문이다. 이렇게 자란 아이들이 고등학교와 대학을 거쳐 사회에 나오면 모두 말 잘 듣고 시키는 일 잘 하는 고대의 노예와 별반 다르지 않은 사회의 소모품으로 살아가게 되는 것이다.

21세기는 지식과 정보를 활용하여 문화를 자기만의 시각으로 재창조할 수 있는 능력을 갖춘 '사고하는 인간', '영적인 능력의 통찰력이 있는 인간'들이 리더가 되는 시대라고 말한 바 있다. 대부분이 교육 환경과 바쁜 삶을 탓하며 텔레비전과 휴대전화에 꽂혀 시간을 보내고 있을 때, 누군가는 자녀에게 과거 지배계급만이 누리던 방식의 독서와 글쓰기 교육을 하고 있다. 또한, 성인이 된 후에도 꾸준히 책을 읽고 글을 쓰며, 세상에 끌려가는 것이 아니라 이 시대의 리더로 삶을 이끌어 가는 이들이 있다.

이런 비밀을 알고 있다면, 당신도 책을 읽고 글을 써야 한다. 읽고, 쓰고, 생각하고, 나누는 활동은 인간을 가장 고귀하게 만드는 활동이다. 모든 것을 빼앗긴 사람도, 아무것도 할 수 없게 된 사람도 책을 읽고 글을 쓸 수 있다. 우리 스스로 존엄하게 살아남기 위해 책을 읽고 글을 써야 한다. 끊임없이 책을 읽고 글을 쓸 때 비로소 자기 자신으로 살게 된다. 책 읽기와 글쓰기는 원하는 삶을 살아가게 하고, 세상에도 공헌하는 조화로운 삶

을 살아가게 하는 길이다. 당신의 인생을 바꾸는 책 읽기와 글쓰기, 그것
이 바로 '생존독서'다.

당신과 자녀의 인생을 바꿀 독서

초등학교 아이들과 독서토론 나눔을 할 때의 일이다.

"선생님, 우리 학급에서 각자 직업을 정하고 직업놀이를 했는데요. 어떤 아이가 식당 주인이라며 '뿌셔뿌셔'를 두 봉지 사 왔어요. 그런데 아이들이 모두 그 가게에 줄을 서서 장사가 엄청나게 잘됐어요."

한 아이가 활짝 웃으며 말했다.

"넌 어떤 직업을 선택했어?"

"우리 반 애들은 거의 다 의사를 했어요. 저는 병원에서 돈 받는 사람을 했어요."

이어서 아이는 돈을 벌어서 나눠야 하는데 자기가 몰래 5천 원짜리 한 장을 더 가져와 부자가 되어서 좋았다며 신이 나서 자랑하듯 말했다.

나는 그날 아이들과 돈을 벌어 부자가 되려면 어떻게 해야 할지에 대해 이야기를 나누었다. '뿌셔뿌셔'를 가지고 온 아이는 아마도 자신의 고객이 될 아이들에게 관심과 사랑이 있지 않았나 싶다. 아이들이 좋아할 만한 것을 골라 재미나게 장사하고 돈도 많이 벌었으니 말이다. 초등학교 아이들의 놀이 활동 속에 부자가 되는 원리가 숨어 있음을 보게 된다. 부자가 되려면 고객의 필요를 생각하고, 고객이 행복해질 수 있는 제품을 만들어 공급하는 것이 기본이다.

반면 아이 대부분이 의사를 했다고 하는 부분에서는 이해할 수 없는 마음이 들었다. 그저 놀이를 통해 경험해 보고 싶은 직업 세계를 결정하는 데도 우리 아이들은 엄마나 아빠, 혹은 세상의 눈치를 보고 있는 것은 아닌지 안타까운 마음이 들었다.

이 말을 전한 아이는 평소 춤추고 운동하는 것을 좋아하며, 글을 읽고 쓰는 것도 잘하는 아주 영특한 아이다. 이 아이는 걸그룹이 되고 싶은 꿈이 있었는데 부모에 의해 좌절됐다. 이어서 디자이너가 되고 싶다고 했는데 공부할 때마다 들려오는 엄마의 "디자이너가 되려면 공부를 많이 해야 해."라는 말에 또 좌절되었다. 지겨운 공부를 어른이 되어서도 계속해야 한다는 말에 그만 아무것도 하고 싶지 않은 생각이 든 것이다. 그래서 찾은 꿈이 태권도 선생님이다. 아이가 보기에 태권도는 즐겁고, 태권도 선생님은 늘 아이들과 재미나게 놀아 주니 참 좋은 직업이구나 싶었던 모양이다. 그런데 난 걱정이 되었다. 이 직업 역시 부모의 마음에 들지 않으면 또 바꿔야 할 것이기 때문이다.

대부분 사람이 직업을 선택하는 기준은 비슷하다. 누군가 정해 놓은 가치 기준에 맞춰서 이 정도는 좋은 것, 그 이하는 나쁜 것, 그래서 기준에 미달할 경우 스스로 '루저(loser)의 삶'이라 생각하고 살아가게 된다. 그것이 삶의 전부인 것처럼 살아간다. 과거에는 초등학생 때라도 다양한 꿈을 꿔 볼 수 있었지만, 요즘은 초등학생부터 성인이 되기까지 비슷하다. 3포 세대를 넘어 5포 세대(연애, 취직, 결혼, 내 집, 인간관계를 포기한 세대)라고 말하는 요즘, 평생 큰 고비 없이 한 직장을 다니며 살아가는 것이 로망이 되었다. 한국 청소년 선호 직업 1위가 공무원이라고 하니 하는 말이다.

왜 이렇게 되었을까?

독서와 글쓰기 교육을 외면하는 오늘날의 교육 때문이다. 한국에서는 학교에 다닐수록, 학력이 증가할수록 개성은 사라지고 사고는 획일화된다. 자율을 기대할 수 없는 교육 환경 속에서 수동적 학습자만이 환영받고, 자신의 색깔을 드러내며 강한 호기심과 활동성을 나타내는 학습자에게는 '과잉행동증 ADHD'라는 꼬리표를 붙여 약을 먹인다. 참 무서운 현실이다.

아이들이 유치원부터 시작하여 15년 동안 수동적 지식 수급자로 성장하는 것을 막기 위해, 이제 부모가 먼저 변해야 한다. 자율성과 개성을 발현하는 사고하는 인간으로 살고 싶다면 독서를 해야 한다. 내가 성인들에게 관심을 두고 성인 독서 글쓰기 집단을 시작한 이유가 바로 여기에 있다. 어른들이 먼저 자기 삶의 주인으로 당당하게 살아가는 모습을 보여 준다면 아이들과 젊은 세대는 당연히 회복될 것이기 때문이다.

우리 아이들이 누군가 시키는 것만 외우고 받아쓰는 데 인생을 다 쓰게 하지 말자. 다람쥐 쳇바퀴 돌듯 살아가는 당신 주변의 사람들만 보지 말자. 세상에는 멋지고 자유롭게 살면서도 세상에 이로움을 주는 삶을 사는 사람들이 헤아릴 수 없을 만큼 많이 있다. 지금 당장 도서관이나 서점으로 달려가서 그들을 만나자. 그리고 시작하자. 당신과 자녀의 인생을 바꿀 독서를.

독서는 나를 찾아가는 길

세계적인 경영 구루 중 한 사람인 세스 고딘은 『세스 고딘 생존을 이야기하다』(Survival is not Enough, 정혜, 2011)에서 우리가 노예처럼 행동하는 이유는 유전적으로 그렇게 하도록 기록되어 있기 때문이며, 사회적으로 그렇게 하도록 유도되고 먹고살기 위한 생계 수단으로 직장에 다니기 때문이라고 말한다. 또 개인을 업무 성향에 따라 노예, 농부, 사냥꾼, 마법사로 나누고, 왜 많은 사람은 스스로 노예가 되기를 원하며, 왜 그렇게 많은 기업은 노예를 고용하는 데 열정적인가 하고 의문을 던진다.

이에 대해 세스 고딘은 인간의 유전자는 급격한 외부 변화로부터 도피할 수 있는 안전한 은신처가 필요하기 때문이라고 설명한다. 기업은 안전을 제공함으로써 사람들이 직장에서 일하도록 유도한다. 유전자의 목표는 숙주인 우리가 자식을 낳고 성공적으로 성장하기 전에 죽임을 당하는 것을 피하도록 하여 자신의 생존 기간을 늘리는 것이다. 그리하여 강력한 보스가 있는 큰 기업에 다니는 것은 유전자의 희망이 실현되는 일이며, 많은 사람은 이를 매우 이상적인 시나리오라고 생각한다. 하지만 이런 시스템 속에서 인간은 언제 폐기될지 모르는 소모품이며, 사회는 그 소모품을 언제라도 대체할 수 있도록 교육을 획일화하고 정형화해서 고급 노예를 대량 생산 하고 있는 것이다.

세스 고딘은 유전자가 원하는 방식인 생계유지를 위한 직업은 갖지 말아야 하며, 자신의 경력에서 진화를 만들어야만 한다고 조언한다. 기업을 변화시키거나 자신을 변화시키는 것은 각자의 몫이며, 기업이 원하고 자신의 유전자가 원하는 노예의 삶을 끝내고 '농부' 또는 '사냥꾼'이 되어야만 한다고 제안 한다.

그 시작은 매우 간단하다. 매일 혹은 일주일에 한 번 일상에서 벗어난 새로운 일을 시도해 보는 것이다. 평생 한 번도 해 보지 않은 것들을 해 보는 것이다. 이런 경험을 통해 새로운 시도를 하는 것이 신상에 아무런 해를 주지 않는다는 것을 알게 되고 낯설지 않게 되면 진화는 습관이 된다.

내가 진행하는 20대 이상 성인 독서·글쓰기 집단에는 나이, 외모, 학력, 직업, 삶의 경험과 신념이 다른 다양한 스펙트럼을 가진 사람들이 찾아온다. 그런데 재미있는 것은 그렇게 다름에도 가장 많이 등장하는 참가 동기가 '진정한 나를 찾고 싶다. 내가 진짜 뭘 좋아하는 사람인지 모르겠다. 진짜 나를 만나면 행복해질 것 같다.'와 같은 자아 발견에 대한 욕구이다. 이는 20대부터 60대까지 모든 연령대에서 가장 많이 등장하는 참가 동기이며 고민이다.

그리 이상한 일도 아니다. 어쩌면 우리 삶의 패턴이 만들어 낸 당연한 결과라고 생각한다. 세상에 태어나 한 번도 뜻대로, 원하는 대로 뭔가를 계획하고 실행해 보지 못한 채 어른이 된 이들이 얼마나 많은가. 그들은 대부분 우리 사회의 엘리트이고, 착한 아이 증후군을 앓고 있는 사람들이다. 늘 하고 싶은 일보다 해야 하는 일에 맞춰 살아야 했고, 내가 좋아하는 것을 선택하기보다는 남에게 좋아 보이는 것을 선택하며 살아야 했다. 자신의 욕구를 채우는 일 자체를 죄악시하는 사회 속에서, 자신을 사랑하는 법을 배우기 전에 타인을 위한 배려를 강요당하는 사회 속에서 어떻게 내가 누구이며 무엇을 좋아하는 사람인지 알 수 있었겠는가.

이런 상황에서는 책 읽기를 통해 어떤 동기를 유발하기보다는 그들의 어린 시절부터 충족되지 못한 욕구를 찾아 되살리고 보듬어서 진정한 나로 돌아올 수 있게 하는 것이 먼저다. 그래서 나는 아주 어린아이들이 보는 그림책부터 초등학교 저학년들이 읽는 생활동화도 종종 성인들의 독서·글쓰기 집단의 자료로 활용한다. 그 짧고 단순한 문장과 그림들은 단숨에 우리를 그 시절로 데리고 간다.

책은 이렇게 한 걸음씩 노예의 삶에서 벗어나 자유인으로 걸음마를 시작할 수 있도록 도와준다.

나의 '고도'는 무엇인가

'습관은 우리의 모든 이성을 무디게 하지.' 사무엘 베게트의 희곡 『고도를 기다리며』에 나오는 대사이다. 나무 한 그루뿐인 무대 위에서 두 남자가 '고도'를 기다린다. 블라디미르와 에스트라공이다. 그들은 고도가 누구인지, 남자인지 여자인지 혹은 그 무엇인지 정확히 알지 못한 채 무려 50년 동안 기다린다. 그들에게 고도를 기다리는 행위는 습관이 되었고, 그 습관은 그들을 무력감에 빠뜨린다. 블라디미르는 "고도를 기다려야지."라고 끊임없이 반복해서 말하고, 에스트라공은 "우리 당장 목을 매자."며 힘겨운 현실을 그만 자살로 끝내려 한다. 과연 그들이 기다린 '고도'는 무엇이었을까? 사무엘 베게트는 "내가 태어났거나 말거나 살아왔거나 말거나, 이미 죽었거나 아니면 죽어 가고 있거나 무슨 상관이랴. 늘 그래 왔듯이 자기가 누구며 어디서 무엇을 하고 있는지, 실은 존재하고 있는지조차 모르면서 계속 살아갈 텐데."라고 말하며 나약하기 그지없는 보편적인 인간의 삶을 직면할 수 있도록 일깨운다.

스스로 아무것도 할 수 없는 막연한 기다림은 사람을 무력하게도 만들지만 거룩하게도 만든다. '고도'가 무엇인지에 대해 작가인 사무엘 베게트는 "내가 그걸 알았다면 작품 속에 썼을 것이다."라고 말했다. 덕분에 '고도'는 희곡 작품을 읽거나 연극을 본 사람, 각자의 상황이나 신념에 따라 다양하게 풀이되고 해석된다.

40대 후반의 가장 닉네임 '자유'(내가 이끄는 독서·글쓰기 집단에서는 본인이 원하는 닉네임을 이름 대신 사용한다.)는 중견기업의 부장이다. 성실하게 살았고, 행복한 가정을 꾸리고 있다. 두 아들은 모두 원하는 대학에 다니고 있고, 아내와도 사이가 좋다. 그런데 그는 왠지 답답하고, 노년에 대한 걱정과 자녀의 뒷바라지 탓에 심리적 부담을 느끼고 있었다.

그가 기다리는 '고도'는 가족 부양에 대한 경제적 부담과 노후에 대한 걱정 없이 해가 잘 드는 창가에 흔들의자를 놓고 앉아서 책을 읽는 것이었다. 이런 말을 하는 그는 '다들 비슷하지 않나요.'라고 말하는 듯이 겸연쩍게 웃었다. 그리고 그 소박한 꿈을 담아 시를 한 편 썼다.

아직은 날지 못하는 새

저는 하늘에 비해 정말 작은 새입니다.
아직은 날지 못합니다.
이유인즉 하나는
아직 날개가 덜 자라서입니다.
하루하루 자라고 있음을 압니다.
그들은
아직 다 자라지 못한 나의 날개깃이지만
그 아래 돌보아야 할 소중한 것 때문이지요.
날개가 다 자라는 날
소중한 것이 작은 날갯짓을 하는 날,

저는 하늘을 날아갈 것입니다.

아주 평안하게

반복되는 일상과 책임감에 눌려 있던 '자유'는 단숨에 시로 자신의 마음을 표현하고 나서 마음이 편안해졌다며 소감을 이야기했다.

우리는 관계 속에서 살아가고 있다. 그 관계가 때로는 힘이 되고, 때로는 상처와 굴레가 되기도 한다. 하지만 나를 힘겹게 하는 관계라고 해서, 내가 져야 하는 책임이 무겁다고 해서 나 몰라라 하고 도망쳐 버린다면 진정 홀가분한 자유를 느낄 수 있을까? 그날 나는 시를 써서 자신의 마음을 표현해 준 '자유'와 '지금 여기'에서의 삶에 대해 나누었다. 그리고 관계를 잘 지켜 나가는 만큼 자신의 욕구를 보살피고 충족시키며 살아가길 바란다는 마음을 전했다. 어떻게 자신만의 자유를 찾아갈지, 그가 기다리는 '고도'가 무엇일지 그는 이제 찾을 준비가 되었다. 자기 자신을 위해 읽고, 쓰기를 시작했기 때문이다.

의식이 흐르는 대로 글쓰기

　이혼의 아픔으로 우울증과 알코올 중독을 겪었지만 이를 극복하고 다양한 예술 분야에서 자신의 창조성을 발휘하고 있는 여자가 있다. 그녀는 자신이 삶 속에서 고통을 견뎌 내며 활용했던 '모닝페이지 쓰기'와 '아티스트 데이트'를 소개하는 창조성 회복 프로그램을 통해서 전 세계 수많은 사람의 내면에 감춰진 창조성을 끌어내고, 삶의 질곡 속에서 고통받고 있는 이들이 내면의 창조성을 회복할 수 있도록 돕고 있다. 그 내용을 담은 책은 『아티스트 웨이』이고, 그녀의 이름은 '줄리아 카메론'이다.

　나는 이 책을 처음 만났을 때 정말 놀라지 않을 수 없었다. 세상에, 태평양 건너 미국에서 나와 비슷한 프로그램을 진행하고 있는 사람을 만난 것이다. 물론, 줄리아 카메론은 2003년 이전부터 창조성 회복 프로그램을 시작했다고 한다. 하지만 그런 시간의 차이와는 상관없이 나와 의식이 비슷한 사람이 존재하고, 그가 나와 비슷한 일을 통해 아픈 영혼들이 마음의 문을 열고 놀라운 자신을 만날 수 있도록 돕고 있다는 것에 반가움과 경이로움을 느꼈다. 나는 너무나 기쁜 나머지 그녀의 책을 모두 찾아 읽었다.

　나는 '독서·글쓰기 치유 집단'과 '내면아이 치유 집단' 프로그램 등에 '모닝페이지 쓰기'를 적용했다. 모닝페이지는 매일 아침 하루를 시작하는 시간에 의식의 흐름에 따라 떠오르는 것을 적는 글쓰기 방법이다. 20분~30

분 정도의 시간을 정하고 노트 3장을 적어 내려가는데, 종이에서 연필이 떨어지지 않도록 계속해서 생각나는 모든 것을 적는다. 처음 모닝페이지를 쓰는 사람들은 3장의 노트를 채워야 한다는 부담감을 토로하고, 무엇을 써야 할지 몰라 했다. 그러나 석 달 동안 모닝페이지를 쓰면서 그들은 그동안 모르고 살았던 내면의 자아를 인식하게 되었다. 그리고 그것을 자신의 행동이나 대화 습관, 대인 관계 유형 등을 객관적으로 바라볼 수 있게 하는 도구로 사용할 수 있게 되었다.

30대 중반의 중학교 교사인 닉네임 '평화'는 늘 잔잔하게 정돈된 목소리와 침착한 태도로 16주간 진행된 프로그램 내내 흐트러진 모습을 보인 적 없이 자신의 감정을 나누고 다른 참가자들에게도 솔직한 마음을 표현하며 연결을 시도했다. 그 모습이 보기 좋았으나 나는 지나치게 사고에 의존하는 것 같아 안타까운 마음이 들었다. 뭔가 집단 안에서 나눌 수 없는 자기만의 비밀을 간직하고 있는 듯 목소리에 자신감이 없고 떨림이 있었다. 그녀는 혼자만 알고 있는 꼭꼭 숨겨 둔 비밀을 가진 듯했다. 초기 검사를 통해 뭔가 짐작 가는 것이 있었으나 '평화'의 입을 통해 직접 듣게 될 것을 기대했다.

15회기가 되는 날, 그날은 나탈리 포트먼 주연의 영화 〈블랙 스완〉을 보고 서로 감상을 나누었다. 선과 악이 극명하게 대비되는 영화를 보고 사람들은 자신의 삶이 투영된 다양한 해석들을 내놓았다. 독서·글쓰기 모임이지만 가끔 영화나 노래, 광고 등 다양한 매체를 이용하여 마음을 나눈다. 그날 〈블랙 스완〉을 선정한 까닭은 회기가 끝나 감에도 아직 드러나지 않은 무의식의 기저를 건드려 마음의 문을 열도록 돕고 싶은 의도가 있었다. '평화'는 이전 회기에서 소감을 나눌 때 항상 선을 추구했으며, 타인에 대한 배려가 항상 지나쳤다. 나는 '평화'가 자기 안의 '어두운 그림자'에 당당하게 맞서길 바라는 마음이었다. 영화에 대해 나눌 때 '평화'는 불가리아 감독인 이반 니체프의 흑백판 〈블랙 스완〉을 보고 왔다며 별로 말이 없이 듣고 있었다. 이어서 '의식의 흐름 글쓰기'를 30분 동안 진행했다. 아직도 떠나보내지 못하고 내 안에서 나의 일부가 되어 버린 어떤 것에 대해 직면하고 받아들이기 위한 작업이었다.

마침내 '평화'는 마음의 빗장을 열었다. 눈물을 흘리며 자신이 수치로 여겼던 일을 고백하고 자신에게 용서를 구하는 그녀의 모습은 아름다웠다. 나는 그녀에게 마음속에 담아 두었던 그것에 대해 깊은 애도의 마음을 표현하고, 떠나보내는 글을 써 볼 것을 권했다.

회기를 모두 마치고 두 달이 지난 어느 추수 모임에서 그녀를 다시 만났다. 그녀는 더 당당해진 모습이었다. 이전과는 달리 부드러운 카리스마가 느껴졌다. 그녀는 독서·글쓰기 치유 집단에 참여하여 알게 된 연습들이 현재 자신의 삶에서 무언가를 결정하고 판단할 때 많은 도움이 되고 있다고 했다. 이제는 남편에게 의지하지 않고 주인이 되어 생활하고 있는 자신을 보게 되었다고 한다. 살짝 떨림이 있던 그녀의 목소리는 어느새 가을 하늘처럼 맑아졌다. 출산 휴직 중이었던 그녀는 이제 봄이 되면 복직을 한다. 그 부드럽고 당당한 카리스마로 중학생들에게 빛을 나눠 주는 햇살 같은 선생이 되리라 기대한다.

신념 탐사를 통한 깨우침

지금까지 인생을 바꾸는 '생존독서'가 어떤 것이고, 어떤 모습으로 진행되는지에 대해 살짝 안내했다. '생존독서'는 한 권의 책을 읽더라도 인생을 바꾸는 힘이 있는 독서라는 의미이다. 누구나 삶의 어려움 앞에서 여유 있게 책을 읽기란 쉽지 않다. 그래서 나는 사람들과 처음 만났을 때는 책을 권하기보다는 그들의 나이나 학력, 직업을 막론하고 일단 그 사람 자체와 공감하려고 한다. 그가 가진 문제가 무엇이고, 왜 힘든지, 무엇을 원하는지를 알게 되면 그때부터 길이 보이기 때문이다. 급할수록 돌아가라는 말은 책 읽기에도 통하는 말이다.

우리가 가진 문제 대부분은 소중한 관계가 틀어지고, 어긋난 데서부터 출발한다. 부부, 자녀와 부모, 친구, 연인, 동료, 형제, 자매, 고부간의 갈등 등 관계 속에서 온전하게 기능하며, 서로 연결되는 것은 쉽지 않은 일이다. 그러다 보니 정도의 차이는 있겠으나 누구나 관계로 말미암은 갈등을 한 가지쯤은 가지고 있지 않을까 싶다. 이런 문제로 심각하게 고민하고 있는 사람에겐 무슨 책을 권해도 잘 읽어 오지 못한다. 뭔가 특단의 조치가 필요하다.

나는 의식과 신념 탐사를 통해 원하는 현실을 창조하고, 뜻대로 살아갈 힘을 가진 사람으로 성장할 수 있도록 돕는 국제공인 신념 탐사 심리 프로그램인 '아봐타(Avarta Course)' 위저드 마스터다. 나는 프로그램에 참여한 사람들과 신념에 관한 책을 읽고, 서로의 신념에 대해 나누고, 그것이 각자의 삶에 어떤 영향을 주는지에 대해 탐색한다. 이 나눔은 매우 즐겁고 유쾌한 경험으로 한 번 하고 나면 자신의 신념을 스스로 탐색하고 객관적으로 분리하여 바라보는 힘을 갖게 된다. 그렇지만 예외는 있다.

> "우리는 각자가 믿는 대로 경험한다. 믿는 대로 경험하지 않는다고 믿으면 믿는 대로 경험하지 않는다. 이것은 첫 번째 말이 여전히 참임을 뜻한다."
>
> 헤리 팔머, 『뜻대로 살기』(의식문화사)

언젠가 『신념의 마력』(클로드 브리스톨, 비즈니스북스)을 읽고, 참여자들과 돈에 대한 신념을 나누는 시간이 있었다. 참가자 중 30대 주부인 닉네임 '그레이스'는 돈을 많이 모으고 싶은데 돈이 들어오면 자꾸 쓰게 된다고 토로했다. 그녀는 책에서는 '간절히 원하면 이루어진다.'고 하는데 왜 원하는 대로 되지 않는지 궁금해했다. 그래서 나는 그녀가 종이 위에 써 놓은 돈에 대한 신념을 읽어 보라고 했다. 그녀는 '돈을 버는 것은 힘들다.', '부자가 되는 것은 어렵다.', '나는 돈이 없다.'는 신념을 지니고 있었다. 그녀의 신념이 그녀가 돈을 모으지 못하게 하는 것이었다. 모두 깜짝 놀라며 함께 웃었다.

이어서 자신에 대한 신념을 나누었다. 그레이스는 지금보다 우아하고 아름답고 지적이고 싶다는 마음을 표현했다. 그러나 실제 자기 자신은 오지랖이 넓고 남의 눈치를 자주 보는 사람이라고 말하며 그것이 서로 어떤 관련이 있는 것 같다고 했다. 그녀가 원하는 모습과 그녀가 믿고 있는 모습이 서로 어긋나 있었다. 이럴 땐 아무리 입으로 '나는 우아하고 아름답고 지적이고 싶다.'고 해도 그렇게 되지 않는다. 먼저 자신의 무의식에 있는 신념을 탐색해 들어가야 한다. 우리가 미처 깨닫지 못하고 있는 신념이 우리의 삶을 좌지우지하는 경우가 있다. 그것을 알아차릴 수 있도록 돕는 것이 나의 역할이다.

자기 자신뿐 아니라 가족이나 친구, 연인, 동료, 형제, 자매, 고부간의 갈등도 상대에 대해 가지고 있는 왜곡된 신념이 원인인 경우가 많다. 이전의 부정적인 경험이나 지식, 비합리적인 사회적 관습 등이 잘못된 신념을 갖게 한다. 그러한 신념의 안경으로 상대를 바라보니 공감과 소통을 경험하기보다는 판단과 분별을 통해 내 편 네 편으로 갈려 아픔을 겪게 되는 것이다.

신념 탐사를 통해 서로의 신념을 나누다 보면 자신의 왜곡된 신념을 발견하는 것 외에 타인의 신념을 들여다볼 기회도 얻게 된다. 예를 들어 돈에 대한 신념을 다룰 때 참가자 모두의 신념이 다르고, 그로 인해 현실의 삶도 다른 것을 보며 자신이 현재 가지고 있는 문제와 고민에 대해 다시 생각해 보게 된다. 세상과 타인을 탓하기 보다는 자기 안에서 해법을 찾아야겠다는 관점의 전환을 경험하게 된다. 비로소 의식의 진보가 한 걸음 이뤄진 것이다.

내가 생존독서를 하는 이유

나는 내 인생의 길에 대해 말할 수 있습니다.

내가 걸어온 길을 보면

그 길이 어떤 것인지 알게 될 것입니다.

그 길은 단순합니다.

그 길은, 그래서 더욱 아름답습니다.

마더 테레사, 『마더 테레사의 단순한 길』(사이)

세상이 점점 빠르게 변하고 있다. 사람들은 그 속도에 치여 쉴 틈이 없이 바쁘게 살아간다. 그러나 세상의 속도와 상관없이, 나는 5년이 넘는 시간 동안 의식과 영성의 성장을 위해 살았다. 내면을 정돈하고, 자아 탐색의 시간을 갖다 보니 이전과는 다른 가치관을 가진 사람이 된 나를 발견하게 되었다.

잘나가던 독서논술 선생에서 인생을 바꾸는 '독서·글쓰기 워크숍'을 진행하는 독서치료 상담 전문가와 국제공인 신념 탐사 심리 프로그램 '아봐타 코스' 위저드 마스터가 되었다. 이 자리에 오기까지 나 자신을 돌아보며 허리가 끊어지도록 울기도 많이 울고 반성도 많이 했다. 그리고 내 안의 비난과 공포와 분노를 극복하고, 연민과 평안과 기쁨의 상태에 이르게 되었다. 비로소 나는 '나'로 살게 되었다. 이전에는 '선생인 나', '가르치는 나'가 '나'의 전부인 줄 알고 살았었다. 하지만 이젠 안다. 그건 그저 나의 한 부분일 뿐임을 깨닫게 되었다.

나만 잘난 줄 알고 세상을 판단하고 분별하던 마음이 보들보들해지자 타인이 눈에 들어오기 시작했다. 일에 빠져 관계를 소홀히 하고 있는 사람, 외로움이 굳어져서 얼굴에 화석이 된 사람, 겉으로는 "괜찮아."를 외치지만 속으로는 곪아 가는 사람, 아무리 사랑을 주어도 엄마의 사랑을 느끼지 못하고 이상행동을 보이는 아이, 소통의 부재 속에서 중2병을 앓고 있는 청소년, 원하는 대학에 들어가고도 꿈을 찾지 못해 자존감이 낮아진 20대 청년, 힘들어도 힘들다고 말 못 하고 가족을 부양하는 종신형 노예처럼 일하는 아버지, 학생들에게 상처입고 우울해하는 선생님, 아이들을 다 키우고 홀로 외로움에 '나는 누구인가?'를 찾기 시작한 50대 어머니, 아버지⋯ 이루 말할 수 없을 만큼 많은 아픔이 한꺼번에 밀려들어 왔다.

나는 거리를 걸을 때나 대중교통을 이용할 때나 사람들이 모이는 곳에 갈 때마다 그들의 모습이 그대로 느껴져서 더는 내가 이전에 하던 방식대로 아이들을 지도할 수가 없었다. 더는 잘나가는 동네 논술 선생님으로 살아갈 수가 없었다. 나는 강을 건넌 사람이 된 것이다. 『갈매기의 꿈』(리처드 바크, 소담출판사)에는 '조나단 리빙스턴 시걸'이라는 갈매기가 나온다. 내 생각에 그 역시 강을 건넌 새다. 최근에 나는 젊은 시절 읽었던 갈매기의 꿈을 다시 읽었다. 읽으면서 그의 모습 하나하나가 어찌나 공감되던지, 눈물이 펑펑 쏟아졌다. 이전에는 그저 '높이 나는 새가 멀리 본다.'는 메시지밖에 달리 느껴지는 것이 없었다. 그런데 이제는 조나단 리빙스턴 시걸의 모든 것이 마치 나인 것처럼 동일시되고, 내게 죽을 때까지 가야 할 사명의 길을 말해 주는 것 같다. 책 일부분을 발췌해 본다.

'수천 마리의 갈매기 떼가 이리저리 날면서 먹이를 얻기 위해 싸웠다. 오늘도 또 살기 위한 바쁜 하루가 시작되는 것이다. 그러나 멀리 어선과 해변의 저쪽에 혼자 동떨어져 조나단 리빙스턴은 나는 연습을 하고 있었다. (중략) 그의 두 날개를 통해 고통스럽고 힘든 비행을 해 보려고 안간힘을 쓰고 있었다. (중략) 우리는 이전의 무지로부터 벗어나 자신을 향상시킬 수 있다. 우리는 우리 자신이 지적이고 우수한 재능을 소유한 뛰어난 생물임을 자랑할 수 있다! 우리는 어떤 비행술이라도 터득할 수 있다! (중략) 나는 다만 내가 터득한 것을 나누어 갖고 싶을 뿐이며 우리 모두의 앞에 펼쳐져 있는 무한한 수평선을 보여 주고 싶을 뿐이었다.'

리처드 바크, 『갈매기의 꿈』(소담출판사)

나의 핵심 가치는 기쁨과 가르침이다. 나는 사람들을 치유하고 교육하며, 그들과 함께 성장하는 것을 사명으로 품고 있다. 나는 조나단 리빙스턴 시걸과 테레사 수녀님의 삶을 통해 사명대로 사는 삶의 단순함과 아름다움을 본다. 내가 만난 사람들의 문제는 매우 다양하다. 그러나 방법은 하나다. 가장 단순하고 강력한 해결책이 있다. 그것은 누군가 한 사람이 그들을 향해 죽음과 같은 사랑을 보내는 일이다. 나는 그 길을 나의 길로 선택했다.

보다 잘 살고자 애쓰는 사람들이 책 속에서 미처 모르고 있던 사랑스럽고 경이로운 자신을 만나고, 치유를 넘어 성장의 길로 갈 수 있도록 동행하고 싶다. '책 속에 길'이 있으니, 나는 그 길이 있는 곳까지 그들을 인도하고 안내한다. 그들이 홀로 길을 찾아 뚜벅뚜벅 걸어 나갈 때까지, 나는 행복한 동행을 하고 싶다. 먼 훗날 테레사 수녀님처럼 고백할 수 있기를 바라며, 나도 그들 덕분에 성장한다.

"어느 하나에 익숙해지면 자연스럽게 다음 단계로 이르게 된다. 각각의 단계에서 자신을 그저 내맡긴다면 필연적으로 삶은 더욱 순조롭고, 더욱 기쁘고, 더욱 평화로워질 것이다."

마더 테레사,『마더 테레사의 단순한 길』(사이)

추천도서

『마음의 집』 김희경 글, 이보나 흐미엘레프스카 그림 | 창비

보이지 않는 마음을 '집'이라는 현실의 공간에 비유해서 표현하고 있어서 누구나 쉽게 마음에 대해 새롭게 생각하게 하는 그림책이다. "마음은 어디에 있을까?", "마음은 어떤 것일까?", "마음의 주인은 누구일까?"라는 세 가지 질문에 가만히 대답하며 읽다 보면, 어느새 언제나 우리 안에 존재하고 있던 마음과 만날 수 있게 된다. 다 읽고 나면 명상을 하고 난 듯한 느낌을 갖게 해 준다.

『줄무늬가 생겼어요』 데이빗 섀논 | 비룡소

친구들과 달라지는 것을 두려워하는 여자아이 카밀라는 언제나 주변의 시선을 의식한다. 좋아하는 마음을 표현하는 것도 어렵고, 친구들에게 잘 보이고 싶어서 예쁜 옷을 입어야 한다. 자기표현이 서투른 카밀라는 어느 날 '줄무늬 병'에 걸리고 만다. 자신의 욕구를 아는 것도, 표현하는 것도 힘든 사람에게 깊은 성찰을 주는 멋진 그림과 글이 어우러진 동화다.

『성인 아이: 역기능 가정의 비밀』 존 C. 프리엘, 린다 D. 프리엘 | 글샘

아동기에 구타나 심리적 학대 혹은 역기능 가정에 내재된 가족 체계로 깊은 상실감을 가지고 성장한 경우, 아동의 상실감은 중독, 강박, 병적 의존, 우울증, 스트레스 증상, 공포증 등 성인 아이의 증상으로 발전한다. 이 책을 읽는 동안 생각해 보지 않았던 자신의 내면과 마주하는 계기가 될 것이다. 그리고 현재 삶에서 답답하게 느끼는 문제의 근본적인 원인에 관해 생각하는 기회가 될 것이다.

『고도를 기다리며』 사무엘 베게트 | 민음사

특별할 것도 없는 일상, 불안과 두려움이 도사리고 있는 우리의 삶과 별 다를 것 없는 모습이 연출되는 희곡이다. 사람들은 자신이 쓴 마음의 안경으로 세상을 보듯이 작품을 읽는 사람들은 어리석게만 보이는 에스트라공과 블라드미르의 말과 행동을 보며, 자신의 현재와 직면하게 된다. 그리고 그 부질없는 일상의 반복을 넘어 원하는 삶을 향해 한 발 걷게 해 줄 무언가, '고도'를 생각하게 된다.

『아티스트 웨이』 줄리아 카메론 | 경당

내면의 예술적 창조성을 발견하고, 자신이 상상했던 삶을 살아가도록 안내해 주는 책이다. 이혼의 아픔을 겪고 다재다능한 예술가로 거듭난 줄리아 카메론이 과거의 자기처럼 어려움에 빠진 예술가들에게 도움을 주고자 시작한 창조성 회복 프로그램의 강의 노트에서 비롯되었다. '모닝페이지와 아티스트 데이트'라는 누구나 쉽게 시작할 수 있는 강력한 도구를 제시한다. 모닝페이지를 쓰는 12주 동안 누구나 자신의 무의식 속에 숨겨진 놀라운 창조성을 발견하도록 돕는 프로그램이 소개된 책이다.

『신념의 마력』 클로드 브리스톨 | 비즈니스북스

우리 삶의 모든 결과는 그가 지닌 신념으로 인한 것임을 말해 준다. 신념은 우리를 돕기도 하고 해치기도 한다. 저자는 '신념의 법칙'을 구체적으로 활용할 방법을 제시한다. 마음의 기술을 통해 자신이 간절히 열망하는 것을 시각화하여 실천하면 반드시 원하는 삶을 스스로 창조할 수 있다는 명쾌한 메시지를 전한다. 단계적 법칙을 통해 누구나 자신이 되고 싶은 사람이 될 수 있고, 경이로운 삶의 기적을 만들어 낼 수 있다는 자신감을 불어넣어 준다.

『뜻대로 살기』 해리 팔머 | 정신세계사

1986년 미국의 해리 팔머에 의해 고안된 의식의 변화와 성장을 탐사할 수 있는 도구인 자아 개발 프로그램인 국제 아바타 코스의 입문 교재다. 전 세계 60여 개국 14개 언어로 번역되었다. 자신을 방해하는 신념과 도움을 주는 신념을 알아차리고, 인간이라면 누구나 가지고 태어난 창조성을 회복할 수 있도록 돕는다.

『마더 테레사의 단순한 길』 마더 테레사 | 사이

가난한 이들 중에서 가장 가난한 이들, 버려진 아이들, 병든 이들, 죽어 가는 이들을 위해 평생을 헌신한 사랑을 보여 준 마더 테레사의 삶을 보여 준다. 그 삶을 이끈 근본 철학은 '단순함'이었다. 침묵, 기도, 사랑, 봉사, 평화로 이루어진 여섯 개의 주제 속에 자신의 '단순함'이 무엇이었는지 말해 준다. 마음에 품은 사람의 일대기나 자서전을 읽으면, 그가 걸어온 인생의 길에서 우리가 걸어갈 길을 엿볼 수 있다.

『월든』 헨리 데이비드 소로 | 펭귄클래식코리아

헨리 데이비드 소로는 문명사회에 반대하여 월든 호숫가 숲으로 들어갔다. 그곳에서 손수 오두막을 짓고 2년 2개월 2일 동안 최소한의 비용으로 단순하고 실험적인 삶을 살았다. 이때의 경험과 성찰을 소박하고 진지하게 묘사한 작품 『월든』은 의식주에 집착하지 않고 자급자족으로 생활을 꾸려 나가는 모습과 자연에 대한 경이, 영적 자아를 발견하는 과정에 대한 기록이다. 물질만능주의 사회를 통렬히 비판하고 대안적인 삶을 제시한 이 작품은 지친 현대인에게 인간적인 삶의 다른 모형을 제시하며 희망을 안겨 준다.

chapter 2

책을 통해 진짜 나를
만나는 법

홀로 있는 시간의 힘

우리말의 독서(讀書)는 한자어로, 책의 내용과 뜻을 헤아리고 이해하면서 읽는 것이라는 뜻이다. 읽을 독(讀)은 '읽다, 뜻을 이해하다'라는 뜻이며, 글 서(書)는 '글씨를 쓰다, 기록하다'는 뜻을 가진다. 이렇듯 글자를 꼼꼼히 풀어 보면 독서에 담긴 참뜻을 알 수 있다. 즉, 독서는 책을 이해하며 읽고, 글로 기록하는 행위까지 포함하여 이르는 말이다. 그러니 한 권의 책을 온전히 읽어 내기 위해서는 최소한의 시간이 필요하다. 잠깐이라도 집중할 수 있어야 책을 읽을 수 있다.

집중에 대해 한번 생각해 보자. 무언가에 집중한다는 것은 참 놀라운 행위다. 집중은 나 아닌 다른 것, 내가 아닌 그 어떤 것을 시간과 마음을 두고 들여다보는 것이다. 이러한 집중의 대상은 성장의 시기마다, 사람마다 다르다. 공룡이나 기차로부터 시작될 수도 있고, 커피나 여행, 자동차 혹은 특정한 사람일 수도 있다. 책이 아니라도 좋다. 살아오는 동안 무엇엔가 집중한 경험이 있다는 것은 당신이 꽤 주체적인 삶을 살았다는 증거가 된다. 나는 집중의 경험이 있는 사람들은 행운아라고 생각한다.

한 사람이 태어나서 온전한 사회인으로 기능하며 살아가게 되기까지, 얼마나 많은 것들에 열렬히 반응하고 호기심이 발동하였을까? 인간은 자신의 욕구에 따라 무언가에 집중한 경험을 통해 성장한다. 내가 아닌 다른 것을 관찰하고, 집중하고, 이해하고, 받아들이면서 자신의 세계를 확장해 나간다. 이것이 인간이다. 그러나 우리 사회에서는 본능조차 쉽게 용인되지 않는다. 뱃속에서부터 시작된 교육은 태어나자마자 쉴 틈 없이 진행된다. 문화 센터, 놀이 학교 등 사회의 시스템 안에서, 누군가 만들어 놓은 틀 안에서 우리는 끊임없이 외부로부터 지식을 공급받는다. 그렇게 해야만 성공할 수 있다는 무서운 신념에, 젊은 층은 물론이고 유아부터 노인에 이르기까지 자신을 들여다볼 시간조차 없이 바쁘다.

조용히 혼자 무언가에 집중할 시간이 없다. 21세기 대한민국에서는 대부분 그런 경험을 갖지 못한 채 어른이 된다. 이런 현실은 삶을 스스로 살아가야 할 성인이 되면 커다란 문제를 만든다. 기본적인 자기 탐색이 끝났어야 할 나이에 탐색을 시작하기 때문이다. 그러다 보니 작은 문제라도 발생하면 어찌할 바를 몰라 당황한다. 그래서 임시방편적 해결책을 쫓아다닌다. 누군가에게 값을 지불하고 잠깐의 힐링을 맛보지만, 약효가 떨어지기 무섭게 그와 비슷한 달콤한 위로를 찾아 이리저리 방황한다. 이런 방법으로는 근본적인 문제를 치유할 수도, 자신의 성장을 이끌어 낼 수도 없다. 자신이 누군지도 모른 채 이미 저만큼 앞서 성공한 사람들의 강의를 들으며 마치 스스로 경험하여 얻은 깨달음인 듯 '그렇지.' 하며 고개를 끄덕인다. 그러나 그것은 또 하나의 '나'를 가두는 지식 혹은 판단 기준이 되어 자기와 직면하지 못하게 한다.

우리는 스스로 자신이 누구이며, 무엇을 위해 이 땅에 태어났는지, 왜 이 시대를 택해 태어났는지, 왜 이와 같은 가정환경 속에 있는지, 왜 이렇게 생겼고, 왜 어떤 것은 잘하고 어떤 것은 못하는지, 무엇은 좋고 무엇은 싫은지 알아야 한다. 그래야 나 자신을 사랑할 수 있고 세상을 사랑할 수 있다. 세상의 다양한 지식을 배워 아는 것보다 중요한 것이 '자기를 아는 것'이다.

그래서 혼자 집중할 수 있는 시간이 필요하다. 여러 가지 세상의 관계 속에서 기능하고 있는 나를 잠깐 멈추고, 오롯이 나 혼자만의 시간을 가져야 한다. 나를 세상과 연결해 주었던 SNS도, 미디어도, 책도 잠시 내려놓고 자신에게 집중하는 시간이 필요하다. 그저 숨을 들이쉬고 내쉬며 내가 노력하고 애쓰지 않아도 나를 돕고 살리는 호흡을 믿고 자기 자신에 집중해 보자. 지금 당장 "흠~" 하고 들이쉬고, "휴~ 우~" 하고 크게 내쉬어 보자. 그리고 알아차리길 바란다, 당신이 살아 있음을.

당신은 대답해야만 한다. 마음속에서 떠오르는 그 어떤 물음에도 피하지 않고 직면할 때, 당신은 당신도 모르고 있던 자신과 더 빨리, 더 뜨겁게 만날 수 있다.

"당신은 누구이며, 무엇을 사랑하는가?"

책 속에서 '울고 있는 나'를 만나라

영국의 정신 분석가이자 정신과 의사인 존 볼비(John Bowlby, 1907~1990)는 생애 초기에 의미 있는 사람과의 애착 형성이 자신과 타인, 세상을 이해하는 인간 본성의 가장 중요한 기본이 되며, 그 시기에 애착 형성이 잘되지 않으면 아동기뿐 아니라 성인기에도 여러 가지 정신 질환의 원인이 될 수 있다는 '애착 이론'을 정립했다.

일본인 정신과 의사 오카다 다카시는 『나는 상처를 가진 채 어른이 되었다』(프런티어)라는 책을 통해 관계에서 상처 입고 스트레스로 고민하는 사람들과 발달장애, 인격장애로 어려움을 겪고 있는 사람들을 치료하면서 어린 시절에 형성된 애착 관계와 양육 환경이 문제의 원인이라는 것을 알게 되었다며 존 볼비의 애착 이론을 증명한다.

안정된 애착 유형을 가진 사람은 대인 관계는 물론 업무 능력도 뛰어나며, 여러 사람들과 깊은 신뢰 관계를 형성한다. 또 자신의 의견을 분명하게 전달하면서도 불필요한 충돌과 고립을 피할 수 있다. 반면 불안정한 애착 유형을 가진 사람은 대인 관계는 물론이고 업무에서도 문제가 생기곤 한다. 이들은 자신이 쓸모없는 사람이라 생각해서 피해의식에 빠져 있기도 하며, 부정적인 감정에 사로 잡혀서 사소한 일에도 집착하고, 분노를 타인 혹은 자기 자신에게 표출한다. 만일 당신이 『나는 상처를 가진 채 어른이 되었다』를 읽게 된다면, '세상에 애착 문제를 갖지 않은 사람이 있을까?' 하는 생각이 들기도 하고, 현재의 삶이 어떤 것도 스스로 선택하고 결정할 수 없었던 시기인 초기 양육 환경에 의해 결정된다는 주장에 화가 치밀지도 모른다. '그래서 어쩌라고?' 하는 말이 자신도 모르게 튀어나올 수도 있겠다. 그러나 마음을 열고 책을 읽다 보면, 단단한 껍질에 싸여 홀로 울고 있는 당신의 어린 시절과 직면하기도 하고, 끝까지 다 읽게 되면 상처받은 어린 시절과 화해하는 법을 배우게 될 것이다. 물론 이것을 믿는 사람한테만 해당한다.

여러 사람과 만나 책을 읽고 나누는 자리에서 어린 시절의 기억이 하나도 나지 않는다는 사람을 종종 만날 수 있었다. 그들은 살면서 힘들고 어려운 일이 하나도 없었다고 말한다. 참 이상한 일이다. 기억은 나지 않는데, 힘든 일이 없었는지는 안다는 것이다. 이들은 머릿속에 지우개를 가지고 산다. 힘든 일을 만나면 '살아가야 하니까, 그래야 그 순간을 넘길 수 있으니까.'라는 생각에 자기도 모르게 상처를 박박 지우고 회피하며 부정한다. 그게 삶의 방식으로 굳어져 기억을 잊은 사람으로 살아간다. 그런데 문제는 그 지워진 기억들이 현재의 삶에 끊임없이 영향을 준다는 것이다.

이미 지워 버려서 왜 그런지 이유를 알 수 없으니 문제 해결은 더욱 어려워진다. 그러나 문제가 있으면 언제나 해결책이 있다. 이건 진리다. 어떤 순간에도 이 말을 기억하길 바란다. 당신이 상처 입은 그 지점으로 용기 있게 뚜벅뚜벅 걸어 들어가서 빗장을 열고 빛이 들어가게 문을 여는 것이다. 그리고 이제는 어른이 된 당신이 그 아이의 손을 잡고 빛 속으로 걸어 나오는 것이다.

유은실 작가의 단편동화집 『만국기 소년』은 내가 성인들을 어린 시절로 안내하기 위해 종종 사용하는 책이다. 이 책의 이야기를 읽다 보면, 지우개로 박박 지웠던 일들이 마법처럼 되살아난다. 가난해서 겪어야 했던 창피함, 고생하는 부모에 대한 죄책감, 형제자매가 많아서 충분히 받지 못한 사랑, 그로 말미암은 낮은 자존감, 일과 공부로 인한 열등감, 친구 사이의 갈등 등 잊고 지냈던 일들이 되살아난다. 그리고 그 안에서 울고 있는, 한 번도 위로해 준 적 없는 '나'를 만나게 된다. 이렇게 유아기부터 학창 시절의 '나'와 만나기 위해, 그 시절을 주제로 한 소설이나 당신과 비슷한 연령대의 주인공이 나오는 책을 읽어 볼 것을 권한다. 읽다 보면 당신이 이해할 수 없었던 그때의 상황이 그려지기도 하고, 용서할 수 없어서 지워 버린 사람들을 만나게 되기도 할 것이다. 어른이 된 당신이 그들을 만나 이해하고 용서할 기회를 가질 수 있다. 용서는 당신이 미처 모르고 살았던 놀라운 당신을 발견하게 하는 통로가 된다. 누군가를 용서하고 그 사람에게 연민의 마음을 품게 되면, 마음속에 진 주름이 펴지는 경험을 하게 된다.

당신이 현재의 삶에서 길을 잃고 헤매고 있다면, 오늘 책 속으로 걸어 들어가길 바란다. 그리고 울고 있는 당신의 어깨를 꼭 감싸안고 충분한 위로를 보낸 후 손을 잡고 빛 가운데로, 당신이 살아야 할 '지금 여기'로 나오길 바란다. 진정한 화해와 위로는 다른 누구도 아닌, 내가 나에게 건넬 때 이뤄지기 때문이다.

원하는 삶을 살 수 있을까?

내가 사람들을 만나면 묻는 말이 있다.

"지금 가장 힘든 게 무엇인가요?"

"어떻게 하고 싶으신가요?"

여기까지 물으면 많은 사람은 나이 고하에 상관없이 '원하는 대로 하고 싶다.'고 말한다. 원하는 대로, 맘대로 하고 싶다는 이야기다. 그런데 그다음 질문에 어찌해야 좋을지 모를 난감한 일이 벌어진다.

"무엇을 원하세요?" 혹은 "어떻게 하길 원하세요?"

하고 물으면 십중팔구는 두 가지 혹은 세 가지 마음으로 갈팡질팡하며 자신이 원하는 것을 알지 못한다. 어떤 이는 답답해 죽겠다면서 누가 자기의 마음을 하나로 정해 주고, "이렇게 해라. 그게 답이다." 하고 말해 줬으면 하고 바라기도 한다. 그래서 오히려 나에게 "어떻게 할까요?" 하고 되물어 온다.

'원하는 삶'을 말하면 쉽게 '원하는 것'과 결부된다. '원하는 것'을 얻어야 '원하는 삶'을 살 수 있다고 믿기 때문이다. 그것은 물질일 수도 있고, 어떤 관계나 사람, 혹은 서비스나 기회일 수 있을 것이다. 또는 그 밖의 어떤 것일 수도 있다.

나도 힘든 관계를 극복하고자 열심히 책 속에서 길을 찾던 시기가 있었다. 그때 운명처럼 나타나 나를 도와주었던 책이 바로 '13년 연속 와튼 스쿨 최고 인기 강의, 왜 세계 최고 MBA에서 가장 비싼 강의가 될 수밖에 없는가?'라는 부제가 붙은 『어떻게 원하는 것을 얻는가』(스튜어트 다이아몬드, 8.0)라는 협상 관련 책이다.

다이아몬드 교수는 '진짜 협상은 명확한 목표를 가지고 상대방의 마음을 이해하고 상대의 머릿속 그림을 그리고 상황에 맞게 점진적으로 접근하는 대처 방법을 말한다.'고 정의한다. 그리고 모든 협상의 상황에서 가장 중요한 것은 '사람'이라고 말하고 있다.

1 당신의 목표는 무엇인가?
2 상대방은 누구인가?
3 설득에 필요한 것은 무엇인가?

협상마다 성격이 다르고 상황은 바뀔 수 있지만, 이 세 가지 질문에 대한 답을 찾아야 한다고 말한다. 이 책은 400쪽 가까이 되는 분량으로 읽기도 전에 지레 겁먹을 수 있다. 하지만 책의 초반에 제시된 협상의 법칙을 증명하기 위한 사례를 모아 놓은 책이기 때문에 재미있게 읽어 나갈 수 있다. 나는 힘든 관계를 해결해 보고자 하는 목적으로 책을 읽었기 때문에 책의 초반에 제시된 머리말과 첫 장에서 말하는 12가지 협상의 기본 원칙 그리고 위의 3가지 질문만으로도 다이아몬드 교수가 전하고자 하는 협상의 지혜를 배울 수 있었다. 이때 배운 다이아몬드 교수의 가르침은 그 당시 나의 문제를 해결하는 데 큰 힘이 되었고, 지금도 내 삶에서 협상과 결정의 순간에 중요한 도구로 사용되고 있다.

당신이 원하는 삶을 살고 싶다면 먼저 당신이 원하는 것이 무엇인지 알아야 한다. 그리고 상대가 누구이며, 혹은 무엇이며, 그를 설득하기 위해, 혹은 그것을 얻는 데 필요한 것이 무엇인지를 알아야 한다. 그런데 이건 누가 가르쳐 주고, 알려 주는 것이 아니다. 당신 스스로 해야 하는 일이다.

결국, 당신이 '원하는 것'을 얻기 위해서는 상대를 알아야 한다. 상대가 원하는 것을 줄 수 있을 때, 협상은 쉬워지고 당신이 원하는 것도 얻게 된다. 타인을 알기 위해서는 많은 만남과 경험이 필요하다. 그러나 현실의 삶은 지극히 제한되어 있다. 그래서 정작 중요한 것을 얻을 수 있는 협상의 기회가 오면 경험 부족으로 실수하고 마는지도 모르겠다.

당신이 '원하는 삶'을 살기 위해서 '사람'을 알아야 한다면, 책을 읽는 것처럼 좋은 공부가 없다. 책 속에서는 다양한 유형의 사람을 만날 수 있다. 그들은 현실 세계에서 만날 수 있는 나의 동료, 내 가족뿐 아니라 일생에 한두 번 만날 수 있을 법한 그런 사람도 있고, 절대로 만나지 않았으면 하고 바랄 만큼 독특한 사람도 있을 것이다.

책을 읽는 동안 그들의 상황과 그에 따른 말과 행동에 공감하고 역지사지하다 보면, 현실에서 어떤 사람을 만나도 당황하지 않게 될 것이다. 우리가 얼마나 독특한 자기만의 세계를 가진 사람들인지 알게 되기 때문이다. 당신이 진정 원하는 것을 성취하고 원하는 삶으로 가고자 한다면, 지금 당장 당신의 삶의 문제와 관련된 책을 읽고 글을 쓰길 바란다. 글을 쓰는 활동은 책 읽기로 얻은 지식을 활용 가능한 지혜로 바꿔 주는 일종의 연금술이다. 글을 쓰는 동안 당신이 원하는 삶에 좀 더 가까이 다가가게 될 것이다.

오감이 살아야 제대로 읽힌다

"책을 읽어도 아무런 변화가 없어요. 어떻게 읽어야 삶에 변화가 일어나나요?" 책을 읽으면 공감되고 이해되기보다는 책 속에서 일어나고 있는 일들이 한낱 작가의 상상일 뿐이고 자신과는 상관없는 비현실적인 일로만 여겨진다는 사람들이 있다. 안타깝지만 이런 사람이 아주 많다. 어린 학생부터 어르신까지 많은 사람에게서 보이는 반응이다. 시간과 공을 들여 읽은 책에서 아무것도 얻지 못했으니 더는 책을 읽을 필요도 느끼지 못한다. 나는 이들이 너무나 오랜 시간 자신을 잊은 채 살아왔기 때문이 아닌가 생각한다. 자신이 처한 환경에 맞춰 그 자신이 아닌 사회적 역할이나 혹은 출생과 함께 부여받은 역할로만 살고 있다는 말이다. 이들은 해야만 하는 일, 사회적인 통념으로 지켜야 하는 일, 과학적·합리적으로 증명할 수 있는 일에만 반응한다. 이들에게 순간순간 느끼고 반응하는 살아 있는 감각과 감정은 죄악시된다. 엄마니까, 아빠니까, 학생이니까, 교사니까 당연히 해야 하는 일이 있다고 생각하며 오직 그 역할로만 살아간다. 자기가 속한 사회 안에서 자신을 바라보는 타인의 기준으로만 살아간다. 이런 삶을 오래 살다 보면 자신을 잃게 된다.

책을 읽을 때는 주체가 되는 '자기'가 있어야 하는데 자기는 없고 일반적인 사회적 기준과 합리적, 과학적 기준만 있을 뿐이다. 그 잣대로 책을 비판하고 재단한다. 그러니 당연히 아무 변화도 기대할 수 없다. '책 읽기'는 단순히 글을 읽는 것이 아니라, 작가와 나 그리고 텍스트 사이의 교감을 통해 그 과정에서 일어나는 수많은 감정의 변화와 통찰의 순간을 느끼는 것이다. 그런데 그런 교감을 이끌고 나가야 할 주체인 '나'가 없는 것이다. 유리창을 통해 세상을 바라보는 것과 같이 책을 멀찍이서 구경만 하는 것이다. 그들은 풍경 속으로 뛰어들지 못한다. 그러니 감동도, 변화도 기대하기 어렵다.

나는 '인생을 바꾸는 독서·글쓰기 워크숍'을 진행하며, 많은 사람이 자신이 무엇을 좋아하는지, 무얼 하고 싶은지, 먹고 싶은 것은 무엇인지, 가고 싶은 곳은 어디인지 등 아주 기본적인 욕구조차 돌보지 못하고 살아간다는 것을 알게 되었다. 그들은 대개 감정이 절제되어 있으며 잘 참는다. 그 것이 얼굴로도 나타난다. 마치 '나는 지금 잘 참고 있어. 나도 힘들어.' 하고 말하는 듯하다. 그러나 참을 수 있는 상황을 넘어서게 되면 '화'가 폭발하고 만다. '화'는 욕구가 충족되지 않았을 때 나올 수 있는 여러 가지 정서 반응 중 가장 좋지 않은 것으로, 타인뿐 아니라 자신에게도 상처를 남기게 된다.

2천 년 전 고대 그리스의 철학자 루키우스 안나이우스 세네카는 화를 잘 내는 성정을 가진 동생 노바투스를 위해 『화에 대하여』(사이)라는 책을 썼다. 이 책은 '화'에 대한 인류 최초의 책으로, '화는 무엇인가'로 시작하여 화를 내는 이유와 화를 진정시키고 다스리는 방법은 무엇인지에 대해 제시한다. 철학자이자 심리학자였던 세네카의 '화'에 대한 통찰은 2천 년이 지난 현재의 우리에게도 깊은 통찰을 준다.

'인간은 서로에게 도움을 주고받기 위해 태어났고, 화는 서로 파괴를 위해 태어난다. 인간은 화합을 원하고, 화는 분리를 원한다. 인간은 이익이 되기를 원하고, 화는 해가 되기를 원한다. 인간은 낯선 사람에게까지 도움을 주고자 하고, 화는 가장 가깝고 소중한 사람에게까지 공격을 퍼부으려 한다. 인간은 타인의 이익을 위해 기꺼이 자신마저 희생시키고, 화는 상대방에게 앙갚음할 수만 있다면 기꺼이 자신마저도 위험에 빠뜨린다.'

세네카는 '화'가 인간의 본성이 아니며, '비천하고 광포한 악덕이자 일시적 광기'라고 정의한다. 그렇다면 우리는 어떤 경우에 화를 낼까? 그 최대 원인은 "나는 잘못한 게 없어."라는 생각, 즉 무지와 오만함에서 나온다고 한다. 자신의 욕구를 내려놓고 타인이 원하는 대로만 살다 보면 피해의식에 빠지기 쉽다. 오랫동안 충족되지 못한 욕구는 피해의식이 되어 화를 불러오고 결국 자신을 망치게 한다. 세네카는 이렇게 말한다.

"조심하시오, 당신의 화가 적들에게 기쁨이 되지 않도록."

한 인간으로 살면서 자신의 욕구를 스스로 외면하는 것 만한 잘못이 또 있을까. 나 역시 오랜 시간 가족을 위해, 남편을 위해, 자식을 위해, 내가 가르치는 사람들을 위해 나의 욕구를 외면하고 살아왔다. 그러면서 "나는 희생적이며 누구보다 타인을 위하는 사람이다."라는 오만한 생각을 하고 있었다. 그러나 그것은 내 생각일 뿐이었다는 것을 알게 되었다. 자신을 돌보고 사랑하지 못하는 사람은 다른 누구도 온전히 돌보고 사랑할 수 없다는 진리를 알게 된 것이다. '내가 희생했으니 당신들도 이 정도는 해야 하지 않겠나.' 하고 바라는 마음이 생긴다면 그것은 타인에 대한 희생을 자기 자신의 '의(義)'로 삼는 것이다.

세네카의 말처럼 인간은 기꺼이 타인을 위해 자기마저 희생시킬 수 있는 본성을 가지고 있다. 그러나 그것이 자기 자신의 '의'가 될 때, 그것은 이미 타인을 위하는 것이 아니고 자신을 위하는 일이 된다. 그래서 우리는 정직해야 한다. 무엇보다 자신의 감정과 욕구에 정직해야 한다. 모든 사람이 자신이 원하는 것을 정직하게 말하고, 스스로 책임질 수 있는 욕구와 감정을 표현한다면 인간관계에서의 갈등은 거의 없어지게 될 것이다.

자기 자신의 감정과 욕구에 충실한 사람만이 죽었던 오감을 되살려 인생의 참맛을 맛보고 즐기는 주인공의 삶을 살 수 있다. 보고, 듣고, 맛보고, 냄새 맡고, 느낄 수 있는 주체인 '자기'가 있어야 보고 싶고, 듣고 싶고, 먹고 싶고, 냄새 맡고 싶고, 느끼고 싶은 무언가도 떠오르는 것이다. 그래야 책을 읽고, 음악을 듣고, 그림을 보고, 영화를 볼 때 더 깊이 느끼게 되고, 깊은 공감을 통해 카타르시스를 느끼고 삶에 필요한 통찰을 얻게 된다.

당신의 오감을 깨우기 위해 지금 하던 일을 멈추고 주의를 밖으로 돌려 보자. 자, 어깨를 펴고 기지개를 한번 펴 보자. 크게 숨을 들이쉬고 내쉬며 창가로 들어오는 햇살을 느끼고, 책상 위에 어지러이 놓여 있는 사물 하나하나에 시선을 두고 그것들을 자세히 관찰해 보자. 코를 자극하는 향기가 있는가?

당신의 몸에도 집중하자. 머리부터 발끝까지 어떤 느낌이 전해 오는지, 저리거나 아픈 곳은 없는지 느껴 보자. 당신이 '지금 여기'에서 바라고 원하는 것이 무엇인지, 당신의 감정과 욕구에 귀 기울이며 그 일을 하나하나 해 나가다 보면 어느새 돌처럼 굳어 있던 가슴이 말랑말랑 살아날 것이다. 비로소 당신은 책으로 풍덩 들어가 울고, 웃고, 기뻐하는 당신을 만날 수 있을 것이며, 책 읽기를 통해 삶의 변화를 경험하게 될 것이다.

자신의 그림자를 끌어안아라

　'인생을 바꾸는 독서·글쓰기 워크숍'을 진행할 때 먼저 초기 검사를 한다. 검사 중 "당신이 가장 두려워하는 것은 무엇입니까?"라는 질문이 있는데 이에 대해 "나 자신이다."라고 답하는 참가자들이 종종 있다. 꼭 그런 것은 아니지만, 그들은 과거의 어느 한 시점을 외면하고 있거나, 자신의 심리 중 어두운 면을 인정하지 않고 수용하지 않는 사람들이다.

　우리가 인정하지 않는 어떤 부분들은 '수치심'이 되어 자라게 된다. 수치심이 없는 사람은 없다. 다만 어떤 이들은 수치심을 자기 성장의 기회로 삼는 반면, 객관적으로 보기에는 지극히 일반적인 것도 깊은 수치로 간직하고 살아가는 이들이 있다. 이러한 수치심은 사회생활에서 관계 맺기에 어려움을 준다. 수치심은 자기 자신을 창피하고 부끄럽게 생각하도록 하며, 심한 경우 얼굴이 빨개지고, 숨 쉬기가 곤란해지는 등 신체 증상으로 나타나기도 한다. 또한, 그들은 자신의 자연스러운 감정을 부정하고, 오히려 타인에게 투사하는 행동을 보이기도 한다. 그래서 심한 경우 분노와 슬픔을 동반한 대인공포증과 우울증을 겪기도 한다.

　스위스의 정신과 의사인 칼 구스타브 융(Carl Gustav Jung)은 "빛이 밝을수록 어둠을 몰아내는 것이 아니라, 빛을 밝히면 밝힐수록 어둠 또한 확대된다."고 말하며, 우리 자신의 일부이지만 스스로 거부하거나 억압해 온 것이 내면의 '그림자'라고 말한다. 『당신의 그림자가 울고 있다』(로버트 존슨, 에코의 서재)를 참고로 융이 발견한 위대한 통찰을 인용해 본다.

자아와 그림자는 같은 원천에서 만들어지고 서로 정확한 균형을 이룬다는 것이다. 빛을 밝히는 것은 곧 그림자를 만드는 것이다. 다른 하나 없이 서로 존재하지 못한다. 자신의 그림자를 소유한다는 말은 신성한 자리인 내면의 중심에 도달하는 것인데, 이 방법 외에는 어떻게든 이 중심에 도달할 길이 없다. 이 과업을 성취하지 못하면 성숙해질 수 없고 또 삶의 목적을 발견할 수 없다.

즉, 외면한 어두운 부분에 대한 수용과 사랑이 있어야만 우리는 온전한 자아를 만날 수 있다. 우리가 내면의 그림자를 수용하지 못하면, 자신이 수용하지 못하는 특성이 있는 타인을 비난하고 미워하는 투사를 하게 된다. 결국, 자신은 물론이고 누구도 사랑하지 못하는 사람이 된다.

독일의 소설가 헤르만 헤세(Hermann Hesse)의 성장 소설 『데미안』의 주인공 싱클레어는 청소년기에 접어들면서 선과 악의 세계에서 방황한다. 부모가 만들어 놓은 따뜻한 사랑이 깃든 '빛의 세계'를 벗어나, 프란츠 크로머라는 친구와 함께 일탈을 감행하며 그의 노예가 되어 '어둠의 세계'를 경험한다. 그 일로 싱클레어는 영혼에 깊은 상처를 입는다.

헤르만 헤세는 이런 경험을 한 싱클레어의 내면을 이렇게 묘사하고 있다. '이것은 아버지의 신성성에 대한 최초의 균열이었다. 그리고 이것은 내 유년 시절을 받치고 있는 누구나 자기 자신이 되기 위해서는 넘어뜨려 버리지 않을 수 없는 기둥에 새겨진 최초의 칼자국이었다. 아무도 보지 못하는 이 체험으로부터 우리 운명의 내면적이고 본질적인 선이 이루어지는 것이다. 그러한 칼자국과 균열은 다시 아문다. 그것은 다시 붙고 잊히지만 아무도 모르는 마음속의 밀실에 살면서 여전히 피를 흘리는 것이다.'

이후 싱클레어가 오랜 방황을 끝냈음을 알 수 있는 한 구절이 있다. "프란츠 크로머를 아직 기억해?"라는 데미안의 물음에 싱클레어는 눈을 깜빡이며 "이제는 미소를 지을 수도 있었다."라고 담담하게 말한다.

이런 것이다. 우리가 자신의 그림자를 인정하고 수용한다는 것은, 외면하고 싶고 다시는 돌아가고 싶지 않은 그 시절 그 시점의 문을 열고서 "너, 잘 있었니? 힘들었지? 내가 모른 척 외면하고 아닌 척 몰라줘서 미안해." 하고 말할 수 있는 것이다.

다시 '데미안'으로 들어가 보자. 데미안과 싱클레어의 마지막 대화에서 수치심을 치유하고 자신을 사랑하는 방법을 한 수 배워 보자.

꼬마 싱클레어. 들어 봐! 나는 떠나지 않으면 안 돼. 너는 아마 언젠가 나를 다시 필요로 하겠지. 크로머나 또는 그 밖의 일에 대해서. 그때 네가 나를 부른다 하더라도 나는 이제 말을 타거나 기차를 타고 갈 수는 없을 거야. 그럴 때에는 자기 자신의 내부에 귀를 기울여야 해. 그러면 내가 너의 내부에 있음을 알아차릴 거야. 알겠어? (중략)

다음 날 아침 눈을 떴다. 나는 붕대를 감지 않으면 안 되었다…. 붕대를 감는 것은 아팠다. 그리고 그 이후에 내게 일어난 모든 일이 아팠다. 그러나 나는 때때로 열쇠를 찾아 나 자신의 내부, 어두운 거울 속에 운명의 상이 졸고 있는 그곳으로 완전히 내려가기만 하면, 단지 그 어두운 거울 위에 몸을 굽히기만 하면 되었다. 그러면 이젠 완전히 데미안과 같은, 내 친구이자 지도자인 데미안과 같은 나 자신의 모습을 거기에서 볼 수 있었다.

자신의 그림자를 소유하게 됨으로써 그것을 조절하고 통합할 수 있게 된다. 그것이 수치가 아닌 당신의 또 다른 면임을 인정하고 받아들일 때, 그림자를 빛과 결합할 수 있게 되고 더 나은 방향으로 성장할 수 있게 된다. 이것만이 우리가 자신을 진정으로 사랑하게 되는 길이다. 자신을 사랑하게 되면 더는 자기방어를 위한 투사는 일어나지 않는다.

한 권의 책을 깊이 읽어 나가는 과정 중 기억에서 사라진 줄 알았던 유년의 상처 또는 아직 치유되지 못한 마음을 발견하게 된다. 당황스러움과 수치심이 올라올 수 있다. 그러나 그 상처로 현재 나의 삶이 어긋나고 있음을 알게 된다면, 『데미안』의 싱클레어처럼 열쇠를 찾아 당신의 어두운 내부에서 아직 발견하지 못한 당신만의 데미안을 만나길 바란다. 치유와 성장은 상처를 드러내고 인정하는 용기로부터 시작됨을 기억하자.

나를 아는 만큼 행복하다

어느 한적한 강가에서 낚시하고 있던 한 백만장자가 있었다. 그는 작고 허름한 조각배에 누워 한가로이 쉬고 있는 어부를 보고 물었다.

"당신은 왜 물고기를 잡지 않소?"

그러자 어부는 아무렇지도 않다는 듯이

"오늘 분량의 물고기를 이미 다 잡았는걸요."

하고 대답했다. 백만장자는 강가의 많은 물고기를 보고 의아해하며 다시 물었다.

"왜 좀 더 많은 물고기를 잡지 않는 거요?"

그러자 어부는 당연하다는 듯이

"이 정도면 우리 가족에게 충분하답니다."

라고 대답했다. 그러나 백만장자는 더욱 이해할 수 없다는 표정을 지으며

"그럼 남는 시간에는 뭘 하시오?"

라고 물었다. 어부는 편안한 얼굴을 하고

"남는 시간에는 가족을 위해 요리하고, 그물 침대에 누워 낮잠을 즐깁니다. 또 이렇게 보트에 누워 하늘을 감상하기도 하고, 가족과 소풍을 가기도 하지요."

라고 대답했다. 백만장자는 참으로 게으른 사람을 대하듯 어부를 가르

치며 말했다.

"당신은 참 답답하군요. 내가 당신이라면 물고기를 더 잡아 돈을 벌어 큰 배를 사고 그물도 사서 물고기를 더 많이 잡아 큰돈을 벌겠소. 그런 후에 더 큰 배를 사고, 어부들도 고용해서 더 많은 물고기를 잡아 아주 큰 부자가 되고, 그럼 당신도 나처럼 백만장자가 될 수 있단 말이오."

백만장자의 말을 열심히 듣던 어부는 그를 바라보며

"그런데 그렇게 되려면 얼마나 걸리나요?"

하고 물었다. 백만장자는 자신에 찬 목소리로

"한 20년 정도, 아니면 그보다 더 걸릴 수도 있소."

라고 대답했다. 어부가 다시

"그런 다음에는요? 백만장자가 된 후에는 뭘 하나요?"

하고 묻자, 백만장자는 만족한 표정을 지으며

"당신은 쉬면서 인생을 즐길 수 있소. 가족을 위해 요리하고, 그물 침대에 누워 낮잠을 즐길 수 있고, 배 위에 누워서 하늘을 감상할 수도 있고, 가족과 소풍도 갈 수 있소."

라고 말했다고 한다. 이다음 이어질 어부의 대답은 당신의 상상에 맡긴다.

우리는 누구나 행복하게 살고 싶다고 말한다. 그런데 어떤 것이 행복인지 잘 알지 못한다. 세상이 정해 놓은 기준에 맞추다 보니 늘 부족하기만 하다. 내 생각에 어부는 자신이 원하는 것이 무엇인지 정확하게 알고 있는 사람이다. 얼마만큼의 물고기가 있어야 배가 부른지, 여가는 어떻게 보내야 행복한지, 필요 이상의 노동은 삶의 균형을 깨뜨리고 '지금 여기'에서의 삶을 즐길 수 없게 만든다는 것을 확실하게 알고 있다. 미국의 그림책 작가 타샤 튜더 역시 그런 사람이다.

'타샤 튜더는 어린 시절부터 자신이 어떻게 살고 싶은지 정확히 알고 있었다. 외진 농가에서 정원을 가꾸고 애완동물을 보살피고 마당에서 가축을 키우며 살고 싶었고, 동화책의 삽화를 그리고 싶었다. 타샤는 결국 양쪽 모두에서 이름을 떨치며 성공을 거뒀다. 직접 쓰고 그린 동화 20여 편을 포함해 70년간 100여 권이 넘는 책에 삽화를 그려 온 이 저명한 삽화가는 버몬트주의 나지막한 언덕들 사이에 숨어 있는 집에서 살고 있다. 타샤가 일군 이 집에는 옛 시절의 취향과 생활상이 고스란히 배어 있다.'

리처드 브라운, '세상에서 가장 행복한 사람, 타샤 튜더',
『행복한 사람, 타샤 튜더』의 서문 중

19세기 생활을 좋아한 타샤 튜더는 미국의 버몬트주 시골에 30만 평이나 되는 대지에서 아름다운 정원을 가꾸며 직접 베틀을 돌려 옷감을 짜고 소젖을 짜서 치즈와 버터를 만든다. 오래된 골동품들로 가득 찬 그녀의 집에서는 장작을 때서 불을 지피는 난로를 이용해 직접 요리를 한다.

"요즘은 사람들이 너무 정신없이 살아요. 카모마일 차를 마시고 저녁에 현관 앞에 앉아 개똥지바귀의 고운 노래를 듣는다면 한결 인생을 즐기게 될 텐데."

라고 말하는 그녀의 책을 읽다 보면 나도 모르게 행복해진다.

"우리가 바라는 것은 온전히 마음에 달려 있어요. 난 행복이란 마음에 달렸다고 생각해요." 1915년에 태어나 이제 100살이 된 할머니 타샤는 누구보다 자기 자신을 사랑하고, 자신이 원하는 것이 무엇인지 정확히 안다. 그리고 그것을 행동으로 보여 주며, 누군가는 상상만 하는 동화 같은 삶을 살아간다.

"바랄 나위 없이 삶이 만족스럽다."고 말하는 그녀는 『월든』의 저자 헨리 데이비드 소로의 말을 빌려 '자신 있게 꿈을 향해 나아가고 상상해 온 삶을 살려고 노력하는 이라면, 일상 속에서 예상치 못한 성공을 만날 것이다.'라고 말하며 자신의 삶의 철학을 대신한다.

'나'를 아는 만큼 행복한 삶을 살 수 있다. 지금 당장 당신의 오감을 즐겁게 하는 것을 찾아 써 보자. 감각이 살아나야 더 민감하게 내면에서 들려오는 소리를 들을 수 있다. 해야만 하는 일이 아닌 당신의 내면에서 진짜 원하는 일을 하면서 살고 싶다면, 무엇보다 먼저 당신의 오감을 민감하게 살려야 한다.

당신을 시각적으로 행복하게 하는 것은 무엇인가? 청각적으로 어떤 소리에 기쁨을 느끼는가? 후각적으로 어떤 향기 혹은 냄새에 행복한 미소가 떠오르는가? 당신이 기억하는 기분 좋은 맛, 행복한 맛은 무엇인가? 당신을 행복하게 하는 느낌은 어떤 것인가? 하나하나 떠올려 글로 써서 기록하다 보면 당신이 가치를 두고 있는 것이 무엇인지 알게 되고, 당신이 원하는 행복의 모습도 선명하게 보게 될 것이다.

현실을 직면하고 새 힘을 얻어라

'직면'은 '맞서다, 마주한다'는 뜻이다. 상담에서 내담자가 피하고 싶은 것이나 인식하지 못하고 있는 것을 직접 언급해 주는 것이 직면이다. 직면은 경청이나 공감과 달리 매우 적극적인 개입 방법으로, 다소 도전적이고 비판적인 느낌을 준다.

김환, 『고객 상담과 심리상담의 길잡이』(교문사)

책을 읽다 보면 우리를 '직면'하게 하는 책이 있다. 마음속에 감추고 싶은 부분이나 인식하지 못하고 있던 부분을 후벼 파서 끝끝내 보게 하는 책이 있다. 그런데 이렇게 자신의 아픈 곳을 보게 하는 책을 읽을 때면, 실제 상담을 할 때 상담사가 내담자를 직면하게 하면 보이는 반응과 비슷한 반응이 일어난다. 직면의 상황에서 내담자들은 부정하고 방어하려는 반응을 보이며, 심한 경우 상담자를 비난하고 다시는 보지 않으려 한다.

책도 마찬가지다. 책의 내용이 자신의 가치관과 취향에 맞으면 술술 읽히고 쉽게 공감한다. 하지만 어떤 책은 불편하게 느껴지고, 끝까지 읽기가 힘들다. 그러면 작가의 필력이 어떻고, 책의 편집이 어떻고 하며 비평을 늘어놓는 사람들이 있다. 그런데 이런 책을 만났을 때는 '왜 불편한가? 이 책의 어떤 부분이 이런 마음을 불러일으키는가? 그것이 나와 무슨 상관이 있는가?' 등에 주의를 두며 끝까지 읽어 볼 것을 권한다.

김훈의 『밥벌이의 지겨움』(생각의 나무)이란 산문을 읽다 보면 우리 삶의 비루함이 그대로 느껴진다. 보고 싶지 않은 그림을 본 것처럼 밥 먹기조차 싫어진다. '한두 끼 먹어서 되는 일이 아니라, 죽는 날까지 때가 되면 반드시 먹어야 한다. 이것이 밥이다. 이것이 진저리 나는 밥이라는 것이다.'라고 말하는 그의 밥벌이에 대한, 밥에 대한 통찰은 읽는 이로 하여금 마치 '밥벌레'가 된 것 같은 느낌이 들게 한다.

게다가 한술 더 떠서 '술이 덜 깬 아침에 골은 깨지고 속은 뒤집히는데 다시 거리로 나아가기 위해 김 나는 밥을 마주하고 있으면 밥의 슬픔은 절정을 이룬다. 이것을 넘겨야 다시 이것을 벌 수가 있는데, 속이 쓰려서 이것을 넘길 수가 없다. 이것을 벌기 위하여 이것을 넘길 수가 없도록 몸을 부려야 한다면 대체 나는 왜 이것을 이토록 필사적으로 벌어야 하는가…. 밥벌이에는 아무 대책이 없다. 그러나 우리들의 목표는 끝끝내 밥벌이가 아니다. 이걸 잊지 말고 또다시 각자 휴대전화를 차고 거리로 나가서 꾸역꾸역 밥을 벌자. 무슨 도리 있겠는가. 아무 도리 없다.' 김훈은 현실의 비루함을 '밥벌이의 지겨움'이 아닌 '밥벌이의 서글픔'이 느껴지도록 그리고 있다. 조금은 과장된, 하지만 아니라고 말할 수 없는 현실을 극명하게 보여 주며 독자를 '직면'시킨다. 그리고 이렇게 말하고 있는 것 같다. "너, 이제 어떻게 살래?"

자신의 현재 상황과 딱 맞는 책을 만나면 책 속에서 자기와 '직면'하고 새 힘을 얻게 된다. 한 발 앞으로 나갈 수 있게 되는 것이다. 책은 그런 힘을 가지고 있다. 자신의 상황에 맞는 책을 한 문장 한 문장 가슴으로 읽어 가며 '나에게도 이런 모습이 있지 않았던가.' 하고 동일시를 경험하고 자문하는 과정에서 카타르시스를 경험하게 된다. '아하!' 하고 통찰에 이르게 될 때 치유와 성장이 일어난다.

자기를 바로 볼 수 있게 된 사람은 타인에게로 마음이 확장됨을 경험하게 된다. 『라면을 끓이며』(김훈, 문학동네)에는 허름한 분식집에서 창밖을 내다보며 홀로 라면을 먹는 이야기가 있다. 책 제목과 같은 「라면을 끓이며」라는 글이다. 자기뿐 아니라 자기와 같이 외롭고 비루한 삶을 사는 타인을 보는 마음이 그려져 있다.

모르는 사람과 마주 앉아서 김밥으로 점심을 먹는 일은 쓸쓸하다. 쓸쓸해하는 나의 존재가 내 앞에서 라면을 먹는 사내를 쓸쓸하게 해 주었을 일을 생각하면 더욱 쓸쓸하다. 쓸쓸한 것이 김밥과 함께 목구멍을 넘어간다.

책을 읽는다는 것은 이런 것이다. 책 읽기에서 '나를 찾고 만나는 일'은 무엇보다 중요하다. 그래야 평소에 보지 못하던 깊은 내면과 만나고, 현실 속에서 문제를 안고 있는 나와 직면할 수 있다. 머리가 아닌 가슴과 온몸으로 책을 읽으며 느끼다 보면, 그 안에서 그저 어리숙한 나 말고, 타인을 위로하고 껴안을 수 있는 좀 더 성장한 나를 만날 수 있게 된다.

추천도서

『남자의 공간』 이문희, 박정민 | 21세기 북스

사회적 체면과 책임감 때문에 힘들어도 힘들다고 못 하고, 자신의 감정을 포장한 채 살아가고 있는 누구에게나 해당하는 이야기를 담고 있다. 지금 외롭고, 힘들고, 뭔가 변화를 원하는데 알 수 없어 답답한 상황이라면 가족도 직장 동료도 모르는 나만의 은밀한 골방, 그곳으로 들어갈 것을 권한다. 여기서 말하는 골방은 혼자 있을 수 있는 물리적인 공간임과 동시에, 마음의 여유를 갖는 시간이기도 하다. 골방 작업을 통해 진정한 자기와 만날 수 있도록 돕는다.

『30년만의 휴식』 이무석 | 비전과 리더십

성공은 했으나 행복하지 않은 30대 성공주의자 '휴(休)'가 내면 여행을 통해 진정한 쉼을 얻고 자유로워진 이야기를 통해 독자들도 심리적 자유를 누릴 수 있도록 안내한다. 그 밖의 분노하고, 좌절하고, 열등감을 느끼고, 교만하고, 의존적이고, 두 얼굴을 가지기도 하는 세상의 휴들에게 마음을 들여다볼 것을 권한다. 자신의 무의식을 이해하고 참된 마음의 쉼을 누리기를 바라며, 그 길을 안내하는 참 쉽고 편안한 안내서이다.

『나는 상처를 가진 채 어른이 되었다』 오카다 다카시 | 프런티어

현재 인간관계에서 겪고 있는 문제의 원인을 초기 애착 관계에서 찾고 있는 책이다. 상사와의 잦은 마찰, 연인과의 끝없는 싸움, 사랑하는 내 아이를 키우는데도 지치기만 하는 마음, 부모와의 의견 충돌…. 이러한 문제의 원인은 바로 '내 안의 울고 있는 아이'의 존재를 모르고 있기 때문이라고 말한다. 어린 시절 상처받은 나를 품고 어른이 되었다면, 성인이 된 후에도 어떤 문제 상황이 닥치면 울고 있는 내 안의 아기가 나와 상황을 망쳐 버리는 것이다. 상처받은 유년의 나와 만나 화해했을 때 참된 마음의 평화를 얻을 수 있고, 꼬이기만 했던 관계들 속에서 해결의 실마리를 찾을 수 있다고 말하는 내면아이 치유서이다.

『나의 라임 오렌지나무』 J.M. 바스콘셀로스 | 동녘

꼬마 악동 제제의 성장기로, 독자를 유년의 기억 속으로 빠져들게 한다. 악의 없는 장난을 일삼는 순수한 영혼을 가진 제제는 어김없이 독자 자신이 되고, 제제에게 상처를 입히는 가혹한 세상과 가정의 모습은 독자의 감정에도 역동을 일으켜 각자의 유년과 마주할 수 있도록 이끌어 준다.

『만국기 소년』 유은실 저, 정성화 그림 | 창비

표제작 「만국기 소년」을 포함하여 총 아홉 편의 동화가 실려 있다. 컨테이너에서 살아가는 진수네 가족 이야기, 대거리 닭집을 운영하는 못 배운 게 한인 아버지와 그런 아버지가 좀 부끄러운 석이 이야기, 노점을 하는 엄마가 준 돈 천 원을 맘껏 쓰고 싶지만 마음대로 쓸 수 없는 자매의 이야기, 어른들의 기대와 지나친 사랑 때문에 힘든 선아 등 우리가 잊고 있었던 그 시절 그때로 여행하게 해 주는 책이다.

『호밀밭의 파수꾼』 제롬 데이비드 샐린저 | 민음사

홀든 콜필드라는 16세 소년이 학교에서 퇴학을 당한 후 집으로 돌아가기까지 단 2일간의 이야기를 주절주절 늘어놓았다. 그는 뉴욕 부르주아 집안의 아들이지만, 허영과 위선으로 가득 찬 사립학교와 사람들을 견디지 못하고 힘들어 한다. 소설을 읽으며 자신의 청소년기의 방황과 혼란을 마주하게 된다. 그리고 어쩌면 안도하게 된다. '어, 나랑 똑같네.' 소설은 부끄럽고 감추고 싶은 기억들을 객관화시켜 바라보게 해 주고, 마침내 누구나 겪게 되는 별것 아닌 일이라는 것을 알게 해 준다.

『스티븐 코비의 마지막 습관』 스티븐 코비, 브렉 잉글랜드 | 김영사

내가 원하는 것을 넘어 우리 모두가 만족할 수 있는 대안을 찾을 수 있도록 방법을 제시하는 책이다. 구체적인 사례를 들어 무너져 버린 개인 생활과 일의 균형, 이웃과의 다툼, 경제적이고 육체적인 어려움 등 인생의 가장 어려운 문제들을 풀 수 있는 해결 방안을 일목요연하게 서술한다. 원하는 것을 얻기 위해 논쟁하고 싸우기보단 더 나은 답을 찾기 위한 제3의 대안을 제시한다.

『박사가 사랑한 수식』 오가와 요코 | 이레

교통사고로 기억이 80분밖에 지속되지 않는 '박사', 그의 기억은 17년 전에 멈춰 버렸고, 그는 80분짜리 생을 산다. 그런 그를 돌보기 위해 온 파출부 '나' 그리고 그녀의 열 살 아들이 함께한 이야기다. 모든 것을 숫자로만 이야기하는 박사를 이해하기 위해 처음 보는 수학 문제를 가지고 씨름하는 파출부의 모습에서 누군가를 이해한다는 것과 소통하고 공감한다는 것에 대해 생각해 보게 한다. 서로 공통점이라고는 찾아볼 수 없는 이들이 서로 배려하며 소통하는 방식은 깊은 공감을 일으키며 감동과 여운을 준다.

『화에 대하여』 루키우스 안나이우스 세네카 | 사이

고대 로마 철학을 대표하는 루키우스 안나이우스 세네카가 2천 년 전에 쓴 '화'에 대한 최초의 책으로, 화를 잘 내는 그의 동생 노바투스의 부탁을 받고 쓴 편지글 형식의 서간집이다. 이 책은 화란 무엇인지, 왜 화를 내는지, 화는 인생에 정말로 필요한 것인지, 화는 억제할 수 있는지 등에 대해 말한다. 화, 그 안에 숨겨진 근본적인 욕구의 존재를 알아차릴 수 있게 해 준다.

『그리스인 조르바』 니코스 카잔차키스 | 열린책들

사회적인 위치와 그에 걸맞은 체면에 맞추느라 정작 자신의 욕구를 무시한 채 남이 보기에 좋은 삶을 살아가는 것이 우리들의 모습이다. '조르바'는 그런 사회의 우스꽝스러움을 깨뜨린다. 그는 지식은 없지만 누구보다 지혜로우며, 신을 조롱하지만 누구도 쉽게 접근하지 못할 믿음을 가지고 있다. 조르바는 몸으로 고민하고 몸으로 생각한다. 현실의 삶에 안주하고 살아가는 우리에게 어떻게 살아가야 하는지를 말해 준다.

『당신의 그림자가 울고 있다』 로버트 존슨 | 에코의서재

"나는 선한 사람이 되기보다 온전한 사람이 되고 싶다."고 말한 칼 융 심리학 이론을 토대로 인간 내면에 숨어 있는 어두운 존재, 그림자를 탐구한 심리서이다. 우리가 우리 자신의 그림자를 직면하지 않으면, 타인에게 자신의 그림자를 투사하게 된다. 그러나 쓰레기처럼 처리해 버리고 싶어 던져 버린 그림자 속에는 진정한 나 자신, 온전한 나로 돌아갈 수 있는 해답이 담겨 있다. 자신의 그림자를 발견하고 수용하는 일은 인생에서 가장 중요한 체험이며 성스러운 과제다.

『데미안』 헤르만 헤세 | 민음사

'새는 알에서 나오려고 투쟁한다. 알은 세계다. 태어나려는 자는 하나의 세계를 깨뜨려야 한다. 새는 신에게로 날아간다. 신의 이름은 압락사스.' 헤르만 헤세의 글처럼 사람은 어떤 시기를 살고 있다고 해도 끊임없이 진정한 자기 자신이 되기 위해 투쟁한다. '데미안'은 어떤 심리서나 철학서보다 깊고 다양한 관점에서 우리 안의 빛과 그림자를 바라볼 수 있게 한다. 그리고 마침내 알에서 나오려는 투쟁을 통해 자기 내면의 신에게로 이끈다.

『지킬 박사와 하이드』 로버트 루이스 스티븐슨 | 펭귄클래식코리아

프로이트를 수십 년 앞서 자아와 본능의 분열, 문명과 본성의 불화를 그려 낸 작품으로 인간 내면의 악을 형상화하여 후대 작가들에게 많은 영향을 주었다.
"하지만 거울 속의 추악한 상을 보며 내가 느낀 건 반감이 아니라 반가움이었네. 그 모습 역시 나 자신이었어."라고 말하는 지킬의 말에서 알 수 있듯이 하이드는 선인인 지킬이 악인으로 변신한 것이 아니라 지킬 속에 이미 존재하고 있는 악의 농축물이 빠져나와 된 것임을 말해 준다. 우리 안의 지킬과 하이드를 직면할 수 있는 책이다.

『행복한 사람, 타샤 튜더』 타샤 튜더 | 윌북

타샤의 책은 그냥 보고만 있어도 우리를 행복으로 이끈다. 자신의 빛과 그림자를 수용하고 빛을 선택한 사람의 삶이 그럴 것이라고 나는 생각한다. '나는 겨울에 여름을 아쉬워하지 않는다.' 셰익스피어가 말했다. '5월의 새로운 환희 속에서 눈을 그리지 않듯, 크리스마스에 장미를 갈망하지 않는다네.' 이 말이 타샤의 삶을 바로 말해 준다. 지금 여기에서 행복한 삶을 살기 위해 우리가 어떻게 살아가야 하는지 알려 주는 책이다.

『세상을 아름답게 만드는 행복한 청소부』 모니카 페트 | 풀빛

어린이 그림책으로 출간됐던 『행복한 청소부』, 『생각을 모으는 사람』, 『바다로 간 화가』, 이 세 권의 이야기를 어른을 위한 책 한 권으로 모아 엮은 책이다. 그런데 개인적으로 어린이용 그림책이 훨씬 깊은 감동과 성찰을 준다. 우리의 삶에서 진정한 행복의 의미를 생각해 볼 수 있게 해 주는 세 편의 이야기를 읽으며 행복한 삶을 위한 배움과 선택의 용기에 대해 생각해 볼 수 있다.

『밥벌이의 지겨움』 김훈 | 생각의 나무

우리의 현실을 지식이나 철학, 어떠한 심리학적 근거를 사용하지 않고 살아 있는 자의 시선으로 오직 관찰하고 김훈이라는 필터를 통과시켜 써낸 글을 만날 수 있다. 아직도 김훈은 연필과 지우개로 글을 쓰는 사람이다. 김훈의 이러한 행동과 그가 토해 내는 그 관찰의 기록들은 분명히 동시대를 살아가고 있음에도 보지 못하고 있던 것들을 보게 하는 힘이 있다.

『내가 말하는 진심, 내가 모르는 본심』 매릴린 케이건, 닐 아인번드 | 전나무숲

이 책은 우리가 사용하는 무수한 방어기제 중 가장 흔히 발견할 수 있는 10가지에 대해 다루고 있다. 방어기제는 자아가 위협을 받거나 공격 받는 상황에 맞닥뜨렸을 때 자신도 의식하지 못하는 사이에 하게 되는 말과 행동을 통해 나타난다. 이는 무의식적으로 일어나기 때문에 인식하고 있지 않으면 쉽게 알아차릴 수 없다. 이러한 방어기제는 우리를 보호하기도 하지만, 과도하게 사용하는 경우 진정한 자신에게서 멀어지게 한다. 스스로 방어기제 검사를 해 볼 수 있고 연습을 통해 도움받을 수 있도록 구성되어 있다.

『아직도 가야 할 길』 M. 스캇 펙 | 율리시즈

'우리 중에 얼마간 신경증이나 성격 장애 증상을 갖고 있지 않은 사람은 거의 없다.'라는 말로 시작되는 이 책은 정신과 의사이자 사상가인 저자가 임상 실험을 토대로 인격적인 완성에 이르는 길을 제시한다. 프로이트의 전통을 이어 가는 정신과 의사들이 무의식을 정신 질환을 일으키는 부정적인 존재로 파악한 반면, 그는 인간의 의식이 해결하지 못한 문제들에 대한 해답을 주는 힘으로 파악하고 있다. 우리가 사는 동안 책임져야 할 것과 그럴 필요가 없는 것을 분간하는 것이 실존의 가장 큰 문제임을 일깨우며 더 높은 차원으로 자신의 경계를 확대해 나갈 방법을 제시한다.

chapter 3

책 속에서 발견하는
살아갈 힘

자신의 약함을 인정할 때

한창 '수치심'에 대해 깊은 관심을 두고 공부하던 시기가 있었다. 수치심과 관련된 책들을 찾아 읽고, 다양한 형태의 집단 상담 프로그램에 참여하며 나를 탐색하던 시절이었다. 그 시절 특별히『오제은 교수의 자기 사랑 노트』(산티)와 존 브래드쇼의『수치심의 치유』(한국기독교상담연구원), 에리카 J. 초피크의『내안의 어린아이』(교양인)를 통해 큰 도움을 받았다. 책을 읽으면서 구체적으로 나에게 수치심을 일으키는 주제에 대해 알 수 있었다. 그리고 수치심이 일어나는 순간 반복적으로 일어나는 신체 반응이나 말과 행동에 대해서도 민감하게 알아차릴 수 있게 되었다. 또 나를 작아지게 만들고, 진정한 나와 멀어지게 만드는 수치심에 대해 깊이 인식할 수 있게 되었다. 당시엔 '수치심'이라는 단어를 이해하고 받아들이는 것조차 힘든 일이었으나, 차츰 내안에 있는 수치심의 존재를 인정하고 받아들이자 어떤 상황에서도 평안을 유지하는 놀라운 경험을 하게 되었다.

존 브래드쇼는『수치심의 치유』에서 '수치심은 교만한 우리 자신이 인간임을 깨닫게 하고, 신 앞에서 겸손하게 만들며, 수치심으로 말미암아 우리는 자신의 한계를 알고, 우리가 실수할 수 있으며, 도움이 필요한 존재라는 사실을 알게 해 준다.'고 말하며, 수치심은 누구나 가지고 있는 것이라고 한다. 그러나 해로운 수치심도 있다. 해로운 수치심은 '존재를 수치스럽게 여기는 것으로 (중략) 다른 인간과 비교하여 자신을 인간으로서 불합격품이며 못나고 열등한 면이 많은 존재로 여긴다.'라고 한다. 해로운 수치심이야말로 자신에게 가하는 가장 큰 폭력이라고 볼 수 있다. 이는 '인간성을 죽이는 일'이다. 해로운 수치심은 진정한 나에게서 멀어지게 만들고, 사회적 기능을 포기하게 하며, 각종 성격장애와 정신 질환의 주범이 되고, 반대로 악성 나르시시즘(지나친 자기애)을 일으키게도 한다.

해로운 수치심을 가진 사람 중에 분노를 자기방어로 사용하는 이들은 분노함으로써 다른 사람들과 거리를 둔다. 거리를 둠으로써 다른 이들이 자신의 수치심을 알아차리지 못하게 하려는 것이다. 또 화를 내어 상대를 수치스럽게 만들어서 자신의 수치심을 남에게 전가하려는 숨은 의도가 있다. 이 책을 통해 나는 나도 모르게 작동하는 수치심 때문에 그동안 자기방어적으로 했던 말과 행동들을 인식할 수 있게 되었다. 그리고 그것으로부터 자유로워질 수 있었다. 물론 수치심의 치유가 책을 읽는 것만으로 쉽게 되는 것은 아니다. 책 읽기는 항상 읽는 데서 그쳐선 안 된다. 특히 수치심의 치유와 같은 심리적인 문제는 더더욱 책만 읽는다고 해결되지 않는다. 어떤 경우에는 책으로 자가 치유를 시도하는 것이 오히려 해가 될 수 있다.

프로이트 이후 가장 뛰어난 정신분석학자인 카렌 호나이(Karen Hor-ney 1885-1952)는 『나는 내가 분석한다』(부글북스)라는 대표작이자 마지막 저술을 통해 이렇게 말한다. "모든 신경증(심리적 원인에 의하여 정신 증상이나 신체 증상이 나타나는 병. 주로 두통, 가슴 두근거림, 불면증 따위의 증상이 나타나는 불안 신경증, 강박 신경증, 히스테리, 공포증)은, 불리한 조건에 놓인 개인이 좋은 인간관계를 맺지 못한 데서 생긴다. 진실한 나를 망각한 채 현실에 근거하지 않은 '이상'에 맞춘 자아상을 만들어 그것에 집착하는 데서 발병한다. 진실로 자신을 분석하고 현실에 직면할 때라야 비로소 무의식 속에 숨어서 우리를 괴롭히는 수치심을 극복할 수 있다."

이처럼 심리적인 문제의 원인이 관계로부터 비롯되니 그 해결책 또한 관계에서 찾을 수 있다. 신뢰할 수 있고 수용적인 독서토론 집단이나 심리치유 집단, 독서치료 집단 등 자신에게 편안함을 주는 집단에 참여하여 다양한 관계를 경험해 보는 것이 좋다. 집단 안에서 자신을 민감하게 관찰하는 시간을 가질 것을 권한다.

어빈 D. 얄롬(Irvin D. Yalom, 스탠퍼드대 명예 교수이자 정신과 의사)은 집단을 '사회적 소우주'라고 표현한다. 집단은 가장 안전하면서도 가장 위험한 환경이 되기도 한다. 집단은 삶을 그대로 옮겨 놓은 것과 같다. 참여자들은 그 안에서 자신을 드러내고 서로 반응하며 영향을 주고받는다. 그 모습은 결코 새로운 것이 아닌 집단 밖에서 살아가는 모습 그대로 나타난다. 솔직한 모습으로 자기를 표현하고 직면할 때 그동안 자신이라고 생각하며 끊임없이 반복해 왔던 순환의 고리를 끊을 수 있다.

집단에서의 경험을 통해 얻은 지식과 통찰을 삶에 적용할 때, 책 읽기는 자아 성찰과 변화를 끌어내는 훌륭한 치료자이자 촉진자가 된다. 그러나 이때 무엇보다 필요한 것은 용기다. 자신이 누구인지, 어떤 사람인지, 마음을 다해 말할 수 있는 용기가 필요하다. 이것이 바로 직면이다. 자기 자신에게 진실할 때에만 타인과도 깊게 연결될 수 있다. 그 깊은 연결 속에서 유대감이 형성되고, 건강한 관계를 경험하게 된다.

TED 최고의 인기 강연자 브레네 브라운(Brene Brown)은 '연약하다는 것의 힘'과 '수치심-나만 그런 게 아니야'라는 인터넷 강연을 통해 통합 700만회 조회라는 이례적인 기록을 세우며 많은 사람에게 '수치심'의 실체를 알렸다. 그녀는 '수치심은 나에게 결점이 있어서 사람들이 그걸 알거나 찾아내면 사랑받고 소속될 가치가 없다고 생각할 때 느껴지는 극심한 고통을 말한다.'고 정의한다.

브레네 브라운은 TED 강연의 가장 큰 마력이 뭔지 아느냐고 물으며 TED는 일종의 '실패 컨퍼런스'라고 말한다. 왜냐하면, TED 무대 위에선 사람들은 실패하지 않은 사람이 없지만, 실패를 두려워하지 않는 사람들이기 때문이란다. 우리는 자신을 제대로 알 때 앞으로 한 걸음 나아갈 수 있게 된다. 자신의 수치를 알고, 그것을 누군가에게 말할 수 있다는 것은 순수한 용기'이다. 진정한 자아를 드러낼 때만 우리는 서로 연결될 수 있다. 그녀는 자신의 취약성을 인정할 때 그것이 자신의 강점임을 알게 된다고 말한다.

수치심에 관한 다양한 책을 읽고 강연을 들으며 내가 생각한 것은, 동서양을 막론하고 나이고하, 남녀를 떠나서 삶을 관통하는 고통과 어려움을 극복한 사람들의 깨달음은 같다는 것이다. 사람은 서로 너무나 다르지만, 한편으론 너무나 같은 성정을 가지고 있다. 어쩌면 우리는 고난을 통해서만 진리에 이르게 되는 것이 아닐까 싶다.

타인의 취약성을 보고 솔직하게 말해 준다는 것은 쉬운 일이 아니다. 또 누군가의 조언을 듣고 자신의 수치심과 직면하고 변화로 나가는 것은 더욱 어려운 일이다. 하지만 당신이 변화하고자 한다면, 불편한 감정 뒤에서 숨죽이고 있는 당신의 자아를 깨우길 원한다면, 당신 스스로 취약하다고 생각하는 것과 직면해야 한다. 책을 통해서 또는 강연을 듣는 간접 경험을 통해서도 변화는 가능하다. 자신의 취약성을 인정하는 용기를 가질 때, 당신을 번번이 실패하게 하는 '두려움과 비난과 단절'을 끊어 내고 기쁨과 충만함 속에 머물게 할 '용기와 자비와 유대감'을 갖게 될 것이다.

지식과 경험의 한계를 뛰어넘다

　우리가 사물과 세상을 인식하는 방식은 참으로 한정되어 있다. 대부분 자신의 경험이나 알고 있는 지식의 한계를 넘기 어렵다. 자신이 알고 있는 얕은 식견으로 세상을 다 아는 것처럼 교만하게 판단하지 않기 위해서 우리는 끊임없이 책을 읽고, 사람들을 만나 관계 맺고 소통하는 가운데 인식의 폭을 넓혀 가야 한다.

　나는 시를 읽으며 시인들의 감수성을 통해 세상을 다르게 인식하는 방법을 배운다. 그들은 보통 사람은 느끼기 어려운 것들을 오감으로 느끼며, 탁월한 표현력으로 시를 써낸다. 그렇게 쓴 시를 읽다 보면 보이지 않던 것들이 보이고, 들리지 않던 소리도 들려온다. 늘 그 맛이 그 맛 같던 음식조차 귀하디귀한 생명의 양식으로 느껴진다. 시인들은 나에게 일상의 소중함을 일깨우며 깊이 관찰하고 머무를 수 있는 삶의 여유와 방법을 알려 준다. 또 미처 인식하지 못하고 있었던 미세한 세계, 혹은 삶의 이면을 볼 수 있는 지혜를 선물하기도 한다. 강은교 시인의 「물길의 소리」를 감상해 보자.

물길의 소리

　그는 물소리는 물이 내는 소리가 아니라고 설명한다. 그렇군, 물소리는 물이 돌에 부딪히는 소리, 물이 바위를 넘어가는 소리, 물이 바람에 항거하는 소리, 물이 바삐 바삐 은빛 달을 앉히는 소리, 물이 은빛 별의 허리를 쓰다듬는 소리, 물이 소나무의 뿌리를 매만지는 소리… 물이 햇살을 핥는 소리, 핥아대며 반짝이는 소리, 물이 길을 찾아가는 소리… (중략) 가만히 눈을 감고 귀에 손을 대고 있으면 들린다. 물끼리 몸을 비비는 소리가. 물끼리 가슴을 흔들며 비비는 소리가. 몸이 젖는 것도 모르고 뛰어오르는 물고기들의 비비는 소리가…

강은교, 『시간은 주머니에 은빛 별 하나 넣고 다녔다』 중에서

「물길의 소리」를 읽고 나서 나는 '아하! 그렇구나!' 하는 놀라운 인식의 확장을 맛볼 수 있었다. 늘 거닐던 산책길에서 듣던 있는 개천의 물소리가 어느새 시인의 읊조림처럼 그렇게 세세하게 내 귀에, 눈에, 마음에 들리고, 보이고, 느껴졌다. 내가 아는 세계만을 고집할 때는 느낄 수 없는 것들을 우리는 타인을 통해 배울 수 있다. 비단 시에서뿐 아니다. 우리 주변에 있는 모든 것들을 통해, 그 다양성을 통해 배울 수 있다.

『무탄트 메시지』(말로 모건, 정신세계사)라는 책이 있다. 이 책은 오스트리아 원주민 부족인 '참사람 부족'이 현대 문명인들에게 전하는 메시지를 담고 있다. 이들은 우리와 같은 현대인들을 '무탄트'라고 부른다. 이는 '돌연변이'라는 뜻의 원주민 말이다. 돌연변이는 생물체에서 어버이의 계통에 없던 새로운 형질이 나타나는 현상으로, 유전자나 염색체 구조에 변화가 생겨 일어나는 현상을 말한다. 5만 년 이상 자연과 더불어 평화롭게 살아온 그들, 말하지 않아도 서로 의식으로 연결된 참사람의 삶을 살아온 그들에게 총, 균, 쇠를 앞세우며 싸우고 자연을 파괴함으로써 자유와 평화를 누

릴 수 있다고 믿는 현대인은 돌연변이로 보일 수밖에 없다.

자연 예방 의학을 전공한 미국인 여의사 말로 모건이 '참사람 부족'과 함께 4개월 동안 호주 대륙을 맨발로 횡단하며 겪은 변화를 통해 나도 우리 앞에 있는 시간을 살았던 사람들이 온 마음과 생명을 다해 전하는 메시지를 들을 수 있었다. 자신을 '참사람'으로 일컫는 그들처럼 우리가 참사람으로 살아가기 위해 회복하고, 지켜 내야 할 것이 무엇인지 알아차리게 되었다. 그들이 전하는 많은 메시지 중 '만남'에 대한 지혜를 여기에서 나누고자 한다.

'모든 인간은 이 세상을 잠시 방문한 영혼들이지요. 모든 영혼은 영원한 존재입니다. 다른 사람과의 만남은 하나의 경험이고, 모든 경험은 영원히 연결됩니다. 우리 참사람 부족은 모든 경험의 순환 고리들을 그때그때 완성을 시킵니다. 우리 참사람들은 무탄트들처럼 경험을 마무리하지 않은 채로 놓아두지 않습니다. 만일 당신이 어떤 사람에게 나쁜 감정을 품고서 그와의 경험을 마무리 짓지 않고 그냥 떠난다면, 훗날 당신 인생에서 그 일이 되풀이될 것입니다. 그렇게 되면 고통은 한 번으로 끝나지 않고, 당신이 깨달음을 얻을 때까지 끊임없이 계속될 겁니다. 삶에서 경험하는 일들을 잘 관찰하고 거기서 깨달음을 얻어 전보다 현명해지는 것은 좋은 일입니다. 어떤 경험이 끝나면 그것을 축복하듯 고맙다고 말하고 평화롭게 떠나는 게 좋습니다.'

이렇게 한 번의 만남을 평화롭게 마무리 짓고 나면, 그들은 그 경험을 통해 전보다 더 현명해짐을 느낀다. 그리고 그 일에 대해서 더는 어떤 노력도, 시간도 쏟을 필요가 없고, 관심을 둘 필요도 없다고 말한다. 살아가는 모든 것이 배움의 길이다. 그 배움의 길 위에서 우리는 어제보다 오늘 더 지혜로운 사람으로 성장한다. 참사람 부족 사람들은 생일을 그저 태어난 날의 의미로 축하하는 것이 아니라 작년보다 올해 더 지혜로운 사람이 되었음을 축하한다. 하지만 그건 자기 자신만이 알 수 있다. 그들은 스스로 생각해서 '더 나아졌음'을 축하한다.

당신이 좀 더 지혜로운 참사람이 되고 싶다면, 그리고 당신의 참모습으로 살고자 한다면, 책을 읽을 때나 사람을 만날 때나 세상을 만날 때 마음의 문을 열고 내 것이 아닌 어떤 것, 나와 다른 어떤 것, 나를 불편하고 힘들게 하는 어떤 것에 유연하게 반응하며 받아들이길 바란다. 포인트는 마음의 문을 열고 유연하게 반응하는 것이다. 그러고 나서 진심과 진정으로 당신이 원하는 삶을 기대한다면, 아마도 삶은 그렇게 될 것이다. 늘 당신이 원하는 것이 원하는 만큼 이루어지는 것이 삶의 법칙이다.

마음의 소리에 귀 기울여라

"나는 왜 지금 여기 있는 걸까?"

"이렇게 열심히 사는데 왜 행복하지 않은 걸까?"

"내일은 뭐가 좀 달라지기는 할까?"

"어떻게 살아야 행복해지는 걸까?"

열심히 하루하루를 살아가고 있는 당신, 바로 당신 마음속에서 들려오는 소리일 것이다. 더 자유롭고 행복한, 변화된 삶을 원해서 나를 찾아온 사람 중에도 이런 고민을 털어놓는 사람들이 있다. 성인뿐 아니라 초등 고학년부터 중고등학생들에게도 어렵지 않게 들을 수 있는 고민이다. 이런 '마음의 소리'가 들려오고, 그 소리를 들을 수 있게 되고, 그것을 고민할 수 있게 된 것은 축하할 일이다. 많은 현대인이 자신의 마음속에서 들려오는 '마음의 소리'를 듣지 못하게 되었기 때문이다.

함께 책을 읽고, 글을 쓰는 시간이 더해질수록 마음이 열린다. 자기 정체성에 대한 고민은 현재의 삶에 대해 회의를 품게 한다. 그리고 차츰 자신이 진짜 원하고 바라는 일이 무엇인지도 말할 수 있게 된다. 그러나 안타깝게도 곧이어 따라오는 푸념이 있다. "어쩔 수 없잖아. 어차피 ~하지 않으면 안 돼. 하지만 ~할 수 없잖아." 등의 할 수 없는 이유 백만 가지가 함께 들려온다. 이쯤 되면 어렵게 만난 마음을 다시 외면하는 자신을 보게 된다. 이럴 때 사람들은 이렇게 말한다. "도대체 어떤 것이 진짜 내 마음의 소리인지 알 길이 없어요." 그리고 혼란에 빠진 듯 행동한다.

그런데 할 수 있을 것인가, 없을 것인가 하는 두 가지 갈래에서 대부분 '~할 수 없잖아, ~해야만 하잖아.'의 승리로 돌아간다. 또다시 스스로 원치 않는 선택을 하고 만다. 내면의 소리를 듣기보다는 주변의 기대와 의무감에서 오는 부담을 선택한다. 그러면 특별할 것 없는 지루한 일상이 반복되고 "나는 왜 이렇게 살고 있을까? 나의 미래는 행복할까?"를 다시 걱정하게 된다. 그렇다면 우리 마음속에서 '~해야만 한다.'고 말하는 것은 무엇일까? 그것은 '신념'이다. 신념은 우리가 살아오면서 형성된 것으로, 사람마다 다른 신념을 지니고 있다. 신념은 각 사람이 무엇인가를 진실이라고 굳게 믿는 어떤 것을 말한다. 사람들은 변화를 원하고 행복해지기를 원하는 신념을 지니고 있기도 하지만, 스스로 원하는 것을 반대하고 방해하여 마침내 실행할 수 없도록 하는 해롭고도 강력한 신념을 지니고 있기도 하다. 그러나 무의식 속에 감춰진 이 신념을 자기 자신도 모르고 살아갈 때가 많다.

예를 들면 이런 것이다. 건강하게 오래 살고 싶은 것은 모든 사람의 바람이다. 그런데 어떤 사람은 '나는 병에 잘 걸린다.'는 신념을 지니고 환절기마다 감기에 걸리고 각종 질병을 달고 산다. 그러면서 그들은 말한다. "나도 건강하게 오래 살고 싶어. 하지만 나는 이렇게 병에 잘 걸린단 말이야." 마치 그의 신념이 '나는 병에 잘 걸린다. 하지만 오래 살고 싶다.'인 것처럼 말한다. 그리고 그 신념을 증명하려는 듯 병에 걸리고, 건강을 염려하기를 반복하며 산다. 그러면서도 원하는 삶을 살 수 없도록 방해하는 자신의 신념을 알아차리지 못한다.

좀 더 구체적인 한 사람의 사례를 들어 보자. 한국계 미국인 코미디언

마가렛 조(조모란, 스탠딩코미디언)는 재기가 어려울 만큼 심하게 인생에서 실패를 경험한 적이 있다. 그것도 두 번이나. 한 번은 그녀의 뚱뚱한 아줌마와 같은 외모 때문이었고, 다른 한 번은 동양인 특유의 피부 색깔 때문이었다. 10대 때부터 그녀의 한국 이름 '모란'을 별명처럼 '모론'(moron), 즉 저능아라 부르며 놀리는 친구들 틈에서 자신을 미워하며 하루하루를 보냈다. 스스로 자신을 '저능아'로 받아들인 듯했다. 친구들의 부정적인 말이 자신도 모르게 신념으로 굳어 버린 그녀는 그 신념을 증명하듯 나쁜 아이들과 어울리고 술을 마시고 마리화나를 피웠으며 올F학점으로 퇴학당한다.

하지만 20대엔 코미디클럽에서 스탠딩코미디를 했고, 재능을 인정받아 20대엔 초반 동양인 최초로 시트콤(ABC방송의 〈올 아메리칸 걸〉, 1994~1995)의 주연을 맡기도 한다. 그러나 동양인 가족을 소재로 한 것은 먹히지 않았고, 방송사는 그녀의 뚱뚱한 외모를 문제 삼아 조기에 종영해 버렸다. 이후 그녀는 긴 슬럼프에 빠졌다. 어릴 적 친구들의 놀림을 받으면서 내면 깊이 심어진 '나는 뚱뚱하고 못생겼다.'는 신념이 그녀가 다시는 일어나지 못하도록 막아섰다. 『내가 되고 싶은 사람은 바로 나』(문학세계사)라는 자서전에서 "매일 아침 눈을 떠 보드카를 마셨고, 마약에 절어 살았다. 뚱뚱하고 못생겼다는 콤플렉스가 나를 몰아세웠다. 사랑받지 못할 거라는 공포감에 아무와 잠자리를 했다."고 당시를 회상한다. 타인과 세상에 의해 잘못 형성된 신념은 이렇게 무섭게 그녀를 망치고 다시 일어설 수 없게 했다.

그러던 어느 날 그녀는 '나를 망치고 있는 건 다름 아닌 나 자신이다.'는 마음의 소리를 듣는다. 그동안 타인에 의해 깊이 새겨진 끔찍한 말들이 녹음테이프처럼 반복해 돌아가며 자신을 파괴했다는 것을 깨닫게 된다. 그녀는 그것은 자신을 미워하는 만행이었다고 고백했다. 그 후 그녀는 자신에게 묻은 마음의 먼지를 털며 '기운 내! 넌 괜찮은 사람이야!'라는 새로운 신념을 마음 깊이 받아들인다. 그리고 마침내 자신을 망쳤던 신념에서 벗어나 30대 초반에는 자전적인 코미디쇼 〈내가 되고 싶은 사람은 바로 나〉(1999)로 재기에 성공한다.

자신의 진정한 모습을 사랑하게 된 그녀는 현재 미국에서 자신만의 코미디쇼 〈싸이조(PSYCHO)〉라는 공연을 새로 시작했다. 두 번이나 바닥까지 엎어졌지만 보란 듯이 일어선 마가렛 조는 '내가 되고 싶은 사람은 바로 나'라고 당당히 말한다. 그녀의 변화는 자신을 가두는 것은 다른 어떤 것도 아닌 자기 자신임을 알게 된 다음부터였다.

당신이 가진 신념도 당신 스스로에 의해 선택된 것이 아닐 수 있다. 그 신념이 당신을 돕고 있는지 방해하고 있는지를 살펴보아야 한다. 어떤 신념으로 살아가야 할지를 선택하는 것은 온전히 당신의 몫이다. 당신의 현재는 당신이 선택한 신념의 결과임을 받아들일 때 당신이 원하는 변화는 시작된다.

책 속에서 보물을 찾는 법

'책 속에서 어떤 보물을 찾을 수 있을까?'

'도대체 무엇이 보물이란 말인가?'

나에게 보물인 것이 타인에게는 그저 그런 물건, 혹은 쓰레기일 수 있다는 것을 아는 나는 "여러분, 책 속에는 이런 보물이 있습니다." 하고 알려 주기가 겁난다. 그럼에도 책 속에는 우리에게 필요한 보물이 있음을 알기에 그 비법을 이 책을 읽는 모든 이들, 아니 꼭 이 책을 읽지 않았더라도 좋은 소식이 되어 세상 구석구석 전해져 '책 속에서 보물을 찾는 법'이 많은 사람의 마음에 도달하기를 바라는 마음으로 이 장을 쓴다.

'보물'을 찾기 위해서 먼저 보물에 대한 정의를 내려 보자. 그런데 사람마다 보물이라 생각하는 것이 다르다. 이럴 때는 국어사전을 찾아 일반적인 가치의 개념을 정리하는 것이 가장 먼저라 생각한다. 네이버 국어사전은 '썩 드물고 귀한 가치가 있는 보배로운 물건'이라는 설명과 함께 그 예로 '귀중품, 금은보화, 보배'를 들었다. 한마디로 각자 스스로 귀하게 여기는 것이 보물이라 하면 되겠다.

책 속에서 보물을 찾기 위해서는 먼저 자신이 누구이며 관심 있는 것이 무엇인지 알아야 한다. 그리고 소중하게 생각하는 가치에 대한 '이해'가 필요하다. 서점에 가면 날마다 신간 서적들이 쏟아져 나온다. 유행에 맞춰 디자인된 세련된 장정과 마음을 파고드는 광고 문구와 가슴을 흔드는 제목을 달고 있는 서적들을 보고 있노라면 당신도 모르게 손이 갈 때가 있을 것이다. 하지만 이 책 저 책 시류에 따라 읽는 독서로는 당신만의 보물을 찾기 어렵다. 정말 운이 좋으면 가끔 찾을 수도 있지만 말이다.

한 권의 책은 한 사람이다. 책 속에서 보물을 찾으려면 책을 대하는 마음부터 점검할 필요가 있다. 당신의 마음에서 들려오는 소리에 귀 기울여 그 소리에 맞는 책을 만났다고 해도 책과 만나는 방식에 따라 아무것도 얻지 못할 수도 있다. 그래서 책을 읽을 때에는 책을 쓴 저자를 직접 만나듯 책과 마주해야 한다. 책을 쓴 저자가 직접 나의 공간으로 찾아와 나와 1:1로 만나 준다면, 그리고 그가 오랜 시간 경험하고 공부해서 깨달은 지혜를 가르쳐 준다면 얼마나 고맙고 감격스러운 일일까 생각해 봐야 한다. 그러면 자연히 공손하고 예의 바르게 그리고 소중하게 책을 만날 수 있을 것이다.

책을 읽을 때는 저자의 이야기를 직접 듣는다는 생각으로 집중해야 한다. 둘만의 대담을 나눈다 생각하고 궁금증을 떠올려 질문하고, 그 질문의 답을 책 속에서 찾아가야 한다. 그러다 보면 어느새 그동안 알지 못했던 세계가 있음을 알게 될 것이다. 그 문을 열고 들어가면 당신은 원하는 보물을 찾게 된다. 물론 단 한 권의 책으로 원하는 만큼의 보물을 차지할 때도 있다. 하지만 한 번의 의미 있는 경험에서 이어지는 다른 책도 만나 보면 이전의 경험과는 또 다른 경험을 하게 된다.

책을 읽다 보면 궁금증이 생기기 마련이다. 그리고 책 속에는 작가가 의미 있게 소개한 어떤 주제나 책이 있을 수 있다. 궁금증을 좇아 작가가 소개한 또 다른 책을 읽어 나간다. 그렇게 이어지는 책과의 만남을 통해 당신은 조금씩 새로운 세계로 다가가게 된다. 그 세계로 들어가는 문을 하나하나 열고 들어가다 보면 당신이 가치 있고 보배로운 보물로 여길 무엇인가를 발견하게 될 것이다.

결국, 책 속에서 보물을 찾는 방법은 마음의 소리에 귀 기울이며 한 권 한 권 소중히 읽어 나가는 것이다. 그러다 보면 당신 한 사람만을 위해 쓴 듯한 진짜 보물 같은 책을 만나는 행운도 찾아온다. 그 안에서 현재의 삶을 기쁘게 살아갈 지혜와 미래를 내다볼 수 있는 혜안을 얻고, 모두 함께 잘사는 따뜻한 세상을 만드는 데 동참할 수 있는 큰마음도 얻게 될 것이다.

의미 있고 깊이 있게 읽는 방법

정보가 넘쳐나고, 하루하루 빠르게 성장하는 시대에 살다 보니 최대한 짧은 시간에 많은 책을 읽고자 하는 사람이 늘고 있다. 그러나 책을 빨리, 많이 읽기보다는 의미 있고 깊이 있게, 천천히 음미하며 읽을 것을 권한다.

나는 지난 20여 년간 천 명 이상의 학생을 만나고 지도했다. 그 과정에서 책 속의 주인공이 되어 천천히 경험하며 읽는 것이 분석하며 빠르게 읽는 책 읽기와는 비교할 수 없는 즐거움을 준다는 것을 깨달았다. 다만 즐거움을 주는 데서 그치는 것이 아니라 학습에 실질적인 도움을 주는 이해력과 사고력도 높아진다. 책을 어떻게 빨리 읽느냐보다 읽는 과정이 중요하다. 그 과정에서 주인공의 상황과 감정을 동일시하는 경험을 통해 21세기 리더에게 가장 중요한 감수성이 발달한다. 무엇보다 중요한 것은 세상과 책에 대한 흥미와 탐구심이 높아져 평생 독서를 통해 필요한 지식과 통찰을 얻을 수 있는 창의적이고 유능한 독자로 성장하게 된다는 것이다. 대강의 핵심을 파악하며 빠르게 많이 읽기보다는 한 권이라도 제대로 읽는 경험이 중요하다.

많은 학생이 유아와 초등 저학년 시절에는 책에 흥미를 보이다가 학년이 올라갈수록 책과 멀어져 담을 쌓는다. 그 원인은 개인의 흥미나 이해 수준과 상관없이 획일적으로 진행되는 수업에 있다. 매 시간 정해진 양식에 따라 분석하고 시험을 목표로 한 책 읽기를 함으로써 책 읽기에 대한 흥미도, 지식에 대한 탐구욕도 일어나지 않게 된 것이다. 무미건조한 정답 외우기는 대학생이 된 후에도 계속된다. 현실에서 책은 주로 목적과 수단으로 존재한다. 하지만 책이 보다 가치 있는 지식과 지혜의 전달 수단으로 남기 위해서는 독자 스스로 자신의 흥미와 의미를 좇아 '의미 있고 깊이 있게 읽기'를 해야 한다.

1950년부터 30년 동안 일본의 한 고등학교에서 국어 과목을 지도하던 하시모토 선생은 국어 교과서는 들춰 보지도 않은 채 고등학교 3년간 『은수저』라는 얇은 소설책 한 권만을 학생들과 읽고 나누는 수업을 했다. 당시 일본은 제2차 세계대전의 패망 이후 빠르게 성장 사회, 속도 사회를 지향하며 나가고 있었다. 그러나 하시모토 선생은 시대의 변화를 좇기보다는 학생들에게 '진짜 공부'를 시키고 싶다는 마음으로 수업을 계획했다. 그는 학생이 주인이 되어 직접 느끼고 경험하는 수업이 중요하다고 생각했다. 그 결과 수업 시간에는 언제나 탐구심과 호기심이 넘쳐났다.

하시모토 선생은 '주인공의 견문과 감정을 자신이 체험한 것처럼 느끼는 것'을 매우 중요하게 생각했다. 책에 연 날리기가 소개되어 있으면 미술 선생에게 부탁하여 연을 만들어 날리는 경험을 했다. 또 맛있는 음식이 소개되어 있으면 그 음식을 먹으며 책을 읽기도 했다. 그리고 주인공이 사는 마을에 피는 꽃들이 소개되어 있으면 아이들과 함께 꽃을 관찰하고 그 이름을 배우며 주인공이 느꼈을 감정을 직접 경험할 수 있도록 하였다. 책을 학습 진도에 맞춰 읽는 것이 아니라, 학생들의 호기심과 탐구심에 맞춰 읽으며 중간중간 샛길로 빠지기도 했다. 그리하여 '사물을 바라보는 방법'과 삶의 깊이를 더하는 '감수성'을 배울 수 있도록 했다. 한마디로 2015년 현재 대한민국이 지향하는 '창의 융합 교육'을 그 시대에 한 것이다.

이렇게 시간을 들여 꼼꼼하게 배운 천 명의 학생들은 모두 일본 사회를 움직이는 자리에 오르게 되었다. 공립학교에 갈 수 없는 학생들이 가는 학교라는 인식이 강했던 나다 사립학교는 1968년 사립학교는 처음으로 가장 많은 도쿄대학 합격자를 배출한 학교가 되었다. 그들은 하시모토 선생의 남다른 가르침 덕분에 '천천히 읽고, 깊게 생각하고, 크게 깨닫는 힘'을 갖게 되었다고 말하며, 서두르지 않고 자신의 삶을 살아갈 수 있는 인생의 밑거름이 되었음을 고백한다.

한 자 한 자 책의 내용을 마음에 새기며 행간의 의미를 살피고, 특별히 의미 있는 문장 앞에서는 잠시 멈춰 자신의 경우를 빗대 보고 삶에 적용해 보기를 반복하며 읽는 것이 '의미 있고 깊이 있게 읽기'이다. 이렇게 읽은 한 권의 책은 매우 특별한 의미가 있게 되고, 살아가는 내내 힘이 된다. 이 방법은 책을 처음 접하는 영유아에서부터 학생, 성인, 노인에 이르기까지 모두에게 적용된다.

책을 읽을 때 등장인물 중 마음이 가는 인물을 자신이라 생각하고 읽어 나가며 그가 경험하고 느끼는 것을 자신의 경험으로 가져와 읽게 되면 흥미가 일어나고 몰입하게 된다. '몰입'이란 어떠한 활동에 노력 없이 자연스럽게 빠져드는 상태를 말한다. 몰입의 개념을 소개한 심리학자 미하이 칙센트미하이의 연구에 의하면, 몰입 상태에서는 삶에 대한 걱정은 물론이고 심지어 자기 자신에 대한 감정까지 사라지고, 시간 개념이 바뀌어 몰입하고 있는 활동에만 빠지게 된다고 한다. 자연히 재미를 느끼며 책을 읽게 되고, 등장인물의 경험과 감정을 온전히 느끼며 읽을 수 있게 되어 의미 있고 깊이 있는 읽기가 된다.

자, 이제 두 번 이상 읽어도 좋겠구나 싶은 책을 한 권 골라 천천히 읽으며 책 읽기의 행복을 느껴 보자.

독서를 통한 의식 성장이란

　'상류층 주택가에서 누더기를 걸친 노인이 품위 있는 석조 건물에 홀로 몸을 기대고 앉아 있다.' 당신이 이 모습을 본다면 어떤 생각이 들겠는가?

　세계적인 영적 지도자 데이비드 호킨스는 그의 저서 『의식 혁명』(판미동)에서 위와 같은 사례를 들며 우리의 의식 수준이 우리가 보는 것을 결정한다고 말한다. 즉, 본 것에 대한 인식방식도 각자의 의식 수준에 따라 다르게 나타난다. 의식 수준에 따라 노인을 더럽고 역겨운 부랑자로 볼 수도 있고, 사회의 악으로 비난하거나, 곤경에 처한 노인으로 보고 도울 방법을 생각하기도 한다. 더 높은 의식의 수준에서는 노인을 흥미롭고 친근한 존재로 바라보며 사랑스러운 마음을 갖게 되기도 한다. 매우 높은 수준인 600 이상의 의식에서는 그저 그를 있는 그대로 바라볼 수 있게 된다.

　데이비드 호킨스 박사는 인간의 의식을 1부터 1000까지 척도로 수치화한 '의식 지도'를 제시하며 보통 사람에게는 신비의 영역이었던 의식을 과학적으로 풀어 설명하고 있다. 호킨스 박사는 50여 년간 정신과 의사로 많은 환자를 치료하면서 그들이 어떤 심각한 상태에 있든지 그들 내부에서 '사랑과 아름다움의 빛나는 본질'을 보았다. 자신의 근원을 잃어버린 채 의식 속에서 고통스러운 경험을 반복하는 이들을 위해, 그들이 자신들의 높은 자아와 연결을 회복할 수 있도록 입증할 수 있는 도구가 필요했다.

영적인 성장 과정을 거친 사람들은 공통점을 가지고 있다. 현재 삶에서의 물질적, 감정적 두려움과 괴로움을 넘어서서 온전한 자아를 찾고, 온 우주가 하나인 세상을 경험하게 된다. 이런 상태에 이르면 몸은 그저 의식(영혼)을 담는 그릇일 뿐이며, 삶과 죽음에 이르는 모든 집착이 떨어져 나가게 된다. 순수한 앎이 빛을 발하며, 그 빛으로 세상을 환히 밝히는 존재가 된다. 데이비드 호킨스 박사는 7년의 은둔 생활을 통해 영적 여정을 경험했고 그 결과 사랑이 사랑 아닌 것을 대체할 때마다 그것이 세상을 어떻게 바꾸는지를 경험했다.

진정으로 성공한 이들 역시 비슷한 과정을 거친다. 호킨스 박사의 연구를 보면 우리가 성공에 대해 자부심을 느끼는지, 겸손한지, 자만한지, 혹은 감사하는지에 따라 그 성공으로 우리의 삶이 보다 고양될지 혹은 파멸에 이르게 될지 알 수 있다. 그래서 진정한 성공을 한 사람들을 보면 열려 있고, 따뜻하고, 성실하다. 또 성공을 하나의 책임으로 생각하며, 자신을 남보다 낫다가 아닌 남보다 운이 좋다고 말한다. 그들은 자신을 하나의 청지기로 생각하고, 자신이 가진 영향력이 모두에게 이익이 될 수 있도록 노력한다.

의식의 수준을 높이고, 세상에 선한 영향력을 나누는 진정한 부자가 되려면 어떻게 해야 할까? 현실의 고통과 두려움에 휘둘리지 않는 온전한 사람으로 살아가기 위해서는 또 어떤 방법이 있을까? 아마도 당신은 수많은 자기계발서를 읽으며 "이렇게 해라! ~하면 성공한다!" 등 성공으로 가는 고속도로를 안내하는 것과 같은 말들에 마음이 갔을 것이다. 그래서 여러 권을 읽어 보았으나 마음대로 되지 않은 경험이 있을 것이다.

데이비드 호킨스 박사가 말하는 방법은 아주 간단하다. 자신과 삶을 바라보는 새로운 방식을 탐험하려는 자발성을 가지고 의식의 주체가 되어 자신과 인류에게 연민을 품는다면, 자신이 가진 신체적, 정신적 질병을 치유할 뿐만 아니라 의식 또한 성장한다는 것이다. 이렇게 영적 성장을 체험한 사람은 세상의 부조리와 고통에 반응하는 사람으로, 스스로 밝은 빛을 내는 치유자로 다시 태어난다. 그리고 자신이 원하는 삶을 살게 된다.

나 또한 5년 동안 참된 나를 만나기 위한 영적 여정을 체험했다. 나 자신이 회복되자 세상을 향한 연민과 사랑의 마음이 나도 모르게 열리고 자라는 것을 경험했다. 그 마음 안에서 바라보는 세상은 나와 남이 없고, 내 것과 네 것이 분별되지 않은 세상이었다. 나는 여전히 깨달음의 여정을 밟고 있으나 하늘이 주신 재능과 기회와 성품을 세상을 위해 바르게 사용할 수 있기를 소망하며 사람들과 동행하고 있다.

책을 읽다 보면 지금까지 당신이 세상을 인식하는 방식과는 전혀 다른, 어쩌면 이상하다고 느껴지는 것을 만날 때도 있다. 도저히 믿어지지 않는 세계도 만나게 될 것이다. 그러나 당신이 성장하고자 한다면, 현실의 삶이 어렵고 힘들게 느껴진다면, 그것은 당신이 자리를 바꿔 앉아야 한다는 신호이며 변화할 때가 되었다는 신호이다. 변화하고자 한다면 우주가 당신에게 가져다준 것들을 그저 믿고 따르면 된다. 그것이 당신에게 이로운지 혹은 해로운 것인지는 당신 스스로 알 수 있을 것이다. 당신이 자신의 주인이라면 변화는 단번에 이뤄질 수도 있다. 당신은 자신의 주인인가?

세상에서 유일무이한 나의 가치를 깨닫다

태어날 때부터 남과 다른 외모 때문에 '괴물' 혹은 '외계인'이라는 놀림을 받았다. 끝도 없이 절망했고, 8살부터 10살 초등학교 시절 죽고 싶은 마음에 세 번의 자살 시도를 했다. 머리와 몸통, 닭발처럼 생긴 두 개의 발가락 그것이 그가 가진 신체 전부다. 출구가 보이지 않는 현실 속에서 절망하지 않을 수 없었다. 끝도 없이 우울했고, 늘 마음이 아팠고, 부정적인 생각에 짓눌려서 살았다. 이것은 현재 전 세계 40여 개국의 사람들에게 희망과 용기를 전하는 삶을 사는 닉 부이치치의 이야기다.

"안녕하세요? 닉 부이치치입니다. 나는 세계를 여행하는 것을 좋아하고, 낚시와 골프, 수영을 즐깁니다. 난 내 삶을 즐기고 있습니다. 나는 행복합니다."

닉 부이치치는 남과 다른 외모의 자신을 받아들일 수 없어 누구보다 힘겨운 어린 시절을 보냈다. 삶의 의미도, 살아갈 이유도 발견하지 못하였기에 학교에 가는 것도 의미가 없었다. 신에 대한 분노와 자신을 이해해 주지 않는 사람들에 대한 씁쓸함을 가지고 있었다. 그런 그가 지금처럼 행복한 사람으로 살아갈 수 있게 된 것은 무엇 때문일까?

닉의 어머니는 닉이 단지 신체의 일부분이 없을 뿐 정상이라고 생각했다. 아버지 역시 닉이 좋은 삶을 살아가게 될 거라 생각했다. 이렇게 긍정적으로 아들을 믿고 지지해 준 부모와 동생들의 사랑이 있었기에 그는 10살 때 욕조 물에 빠져 죽으려 했던 마음을 접을 수 있었다. 그리고 이렇게 결심한다. "내가 날 불쌍히 여긴다면 다른 사람들도 날 그렇게 볼 것이다." 그는 더는 자신을 불쌍히 여기지 않았고, 사람들은 그를 존중하게 되었다.

그가 지금의 행복한 닉 부이치치가 될 수 있었던 두 번째 이유는 자신의 정체성을 확실하게 깨닫게 된 뒤부터이다. 정체성은 변하지 않는 존재의 본질로, 그는 자신이 이 세상에 그와 같은 모습으로 태어난 이유를 찾게 된 것이다. 목사의 아들이며 하나님을 믿는 닉 부이치치는 신에 대해 원망하는 대신 신의 뜻을 묻고, 거기에서 해답을 얻었다. 그리고 신이 그에게 준 '희망과 용기를 전하라.'는 사명을 행동으로 옮기게 되었다. 그는 자신의 강연을 들은 사람들이 변화하는 모습을 보며 자신이 하는 일이 얼마나 아름다운 일인지를 생각하게 되었다. 그리고 행복을 느꼈다. 그는 끊임없이 도전하고, 넘어지면 백 번이라도 다시 일어나면 된다고 말한다. "실패해도 또 다시 시도하고, 또 다시 시도한다면, 실패한 것이 아니다. 어떻게 끝내느냐가 중요하다."고 말하며 청중들이 보는 앞에서 온 힘을 다해 넘어진 자신의 몸을 일으켜 세운다.

MBC 〈김혜수의 W〉, 닉 부이치치의 『허그』(두란노)

누구나 '되고 싶은 나'와 '현재의 나' 사이에서 갈등하는 시기가 있다. 그

런데 닉의 이야기에서 언급한 것과 같이 우리에겐 변하지 않는 영원불변의 정체성이 있다. '나'라는 존재가 가지고 태어난 정체성은 내가 아무리 노력해도 바꿀 수 있는 것이 아니다. 그래서 '나의 나 됨'을 인정하고, 내가 가진 상처와 흉터까지 온전히 받아들일 때 새롭게 보이는 것들이 있다.

누구도 세상에 똑같은 사람은 없다. 우리는 너 나 할 것 없이 온 우주에 하나뿐이다. 그렇다면 우리가 그렇게 서로 다르게 태어난 데는 어떤 이유가 있을 것이다. 세상에 유일무이한 '나'라고 하는 보석이 온전히 빛나게 쓰일 수 있는 그 자리가 있다. 자신의 정체성을 정확히 인식하고 온전히 받아들일 때, 자신과 이 세상을 위해 해야 할 일이 보인다.

누구도 자기 자신만을 위해 이 세상에 태어나지 않았으며, 먹고사는 일만 걱정하기 위해서 태어나지도 않았다. 당신이 이 세상에 태어난 진정한 목적에 맞는 삶을 살 때, 그 일이 무엇이든 당신도, 당신의 삶도 빛난다.

추천도서

『오제은 교수의 자기 사랑노트』 오제은 | 샨티

내면아이 치료의 이론과 사례를 오제은 교수 자신의 자전적 이야기 속에 녹여 낸 책으로 쉽게 읽고 활용할 수 있는 책이다. 총 21가지 단계별로 제시한 자기 사랑 노트를 작성하다 보면 어린 시절 부모에게 사랑받고 보살핌 받는 등의 꼭 필요한 욕구를 충족하지 못해 억압되거나 거부되어 형성된 '상처받은 내면아이'를 만나게 된다. 자신의 내면아이를 만나 치유에 이르는 원리와 방법을 소개한다.

『수치심의 치유』 존 브래드쇼 | 한국기독교상담연구원

저자는 박사 학위가 다섯 개나 있고 오랜 수도 생활을 하고 학생들에게 신학을 가르치는 교수임에도 그런 지식적인 것들이 그의 근본적인 수치심을 치유하는 데는 별로 도움이 되지 않았다고 한다. 이 책에서는 자신이 자신을 더럽고 부끄러운 존재로 여겨 자기를 방어하기 위해 무의식적으로 제자들과 가족들에게 했던 투사들을 숨김없이 고백한다. 그 진실한 고백들과 함께 제시된 방법을 따라가다 보면 자기를 진정 사랑하고 받아들이는 경험을 할 수 있다.

『내 안의 어린아이』 에리카 J. 초피크, 마거릿 폴 | 교양인

내면아이의 상처가 치유되면 온화한 힘을 지닌 두려움 없는 존재인 우리 안의 '놀라운 아이'를 발견하는 방법을 알려 준다. 더는 타인의 사랑을 갈구하지 않고, 스스로 행복해질 수 있는 자유로운 존재가 되며 본래의 자신으로 되돌아가게 된다. 내면아이에게 편지를 쓰고 내면 대화를 나누는 등의 구체적인 방법을 사례를 통해 알려 준다. 저자들의 말대로 자신을 사랑하는 것은 다른 사람에게서 배울 수 있는 것이 아니다. 내면아이에게서 배우고 내면아이와 더불어 배워야 한다. 그래야만 우리는 더 높은 자기와 연결되어 더 높은 관점에서 바라볼 수 있게 된다. 자신의 내면아이를 사랑할 수 있어야 타인도 세상도 사랑할 수 있게 된다.

『시간은 주머니에 은빛 별 하나 넣고 다녔다』 강은교 | 문학사상

강은교 시인은 사물들이 내뿜는 소리에 주목하며 마치 그림을 그리듯 물소리 하나에도 많은 의미를 담아낸다. 찌개 끓는 소리, 사진들의 소리, 흐르는 강의 소리, 오래 달려온 엽서의 소리, 길의 소리, 나방의 소리, 도장들의 소리, 사랑 이미지의 소리… 어디에서나 존재하고 있는 소리들 그러나 범인들은 놓치고 있는 것을 시인의 범상치 않은 관찰력을 통해 배운다. 그런 의미에서 시집은 우리가 늘 달고 살아야 하는 생각의 비타민 같은 것이다.

『무탄트 메시지』 말로 모건 | 정신세계사

오스트레일리아 원주민 부족 중 하나인 참사랑 부족과 함께 저자는 참사람 부족이 엄선한 무탄트 메신저로 선택되어 넉 달에 걸친 사막 도보 횡단여행에 참가하게 되었다. 이 책은 그 여행의 기록이며 세상의 문명인들에게 참사람 부족이 전하는 메시지다. 우리가 각자의 세계에 갇혀 있을 때는 볼 수 없는 것들이 있다. 우리와 다른 자연환경에서 사는 사람들의 삶을 엿본다는 것은 지식과 경험의 한계를 넘어 인식의 폭을 넓혀 준다는 의미에서 중요하다. 무탄트 메시지는 문명 이전의 삶을 유지하고 있는 참사람 부족을 통해 본래의 인간이 가진 본성의 아름다움과 지혜를 알아차리게 한다.

『프레임: 나를 바꾸는 심리학의 지혜』 최인철 | 21세기북스

심리학에서 프레임은 세상을 바라보는 마음의 창을 의미한다. 어떤 문제를 바라보는 관점, 세상을 관조하는 사고방식, 세상에 대한 비유, 사람들에 대한 고정관념 등이 이에 속한다. 저자는 우리의 착각과 오류, 오만과 편견, 실수와 오해가 프레임에 의해 생겨남을 증명하고 그에게서 벗어나는 방법을 제시한다. 쉽게 읽을 수 있는 일종의 자기계발서이다.

『내가 되고 싶은 사람은 바로 나』 마가렛 조 | 문학세계사

코미디언으로 성공한 한국계 미국인 마가렛 조의 성장 이야기로, 왕따, 뚱뚱한 외모로 인한 수치심, 마리화나에 중독된 문제아, 부모님의 불화 등 부끄럽기만 했던 자신의 과거를 솔직히 털어놓고 있다. 끔찍하리만큼 다양한 종류의 방황과 심리적 문제를 가지고 있었던 그녀가 진정한 자기 자신을 찾기까지의 여정이 자세히 그려져 있다. 유명한 코미디언이며 작가인 만큼 읽는 재미도 준다.

『창문 넘어 도망친 100세 노인』 요나스 요나손 | 열린책들

스웨덴의 한 시골 마을 양로원에서 100살 생일을 맞은 할아버지가 덤으로 얻은 인생 2라운드를 즐기기 위해 창문을 넘어 도망친다. 할아버지의 좌충우돌 행보에 웃으며 읽다 보면 그가 살아온 100년의 세월 속에서 이데올로기란 무엇인지, 종교란 무엇인지, 인생이란 무엇인지 생각하게 된다. 유쾌한 이야기 속에 어떻게 살아야 하는지에 대한 힌트가 담겨 있다.

『달과 6펜스』 서머싯 몸 | 민음사

아름다운 부인과 귀여운 아이들과 함께 단란한 가정을 꾸리며 살던 한 중년의 런던 증권 브로커가 어느 날 느닷없이 화가가 되겠다고 자처하며 가족과 직업은 물론이고 그가 가진 모든 것을 다 버리고 맨몸으로 집을 나가 버린다. 이 책은 우리 안에 숨어 있는 보편적인 욕망, 즉 억압적 현실을 벗어나 마음이 요구하는 대로 자유롭게 살고 싶은 욕망을 자극한다. 실존 인물인 폴 고갱의 이야기를 소설화한 작품으로도 유명하다. 주인공 스트릭랜드의 행동에 대해 동경 혹은 비난하는 자신을 바라보며, 어떻게 살아야 하는지에 대한 답을 구해 볼 수 있다.

『책은 도끼다』 박웅현 | 북하우스

광고인 박웅현의 인문학 강독회를 책으로 엮은 것이다. 시집에서부터 인문, 과학 서적까지 다양한 분야의 책들을 저자만의 독법으로 설명한다. 많이 읽기보다는 한 권의 책을 읽더라도 깊이 읽는 것이 좋고, 사고와 태도가 변할 수 있는 책 읽기를 하라고 권한다.

『강신주의 감정수업』 강신주 | 민음사

강신주는 우리에게 가장 시급한 문제는 자기감정을 회복하는 일이라 하며 이 책을 구성하였다. 스피노자의 48개의 감정을 바탕으로 48권의 세계 문학의 걸작, 철학자가 들려주는 48개의 조언, 그리고 자신의 감정을 시각화했던 예술가들의 명화 45개로 이루어진 책이다. 이 책은 한꺼번에 쭉 읽는 책이 아니다. 자신의 현재 감정 혹은 마음이 가는 감정에 집중하며 그가 안내하는 문학 작품 전체를 직접 읽어 보길 권한다. 무뎌진 감정을 하나하나 회복하는 데 도움이 될 것이다.

『소중한 경험』 김형경 | 사람풍경

소설가 김형경의 심리 에세이집이다. 이 책은 지난 10년 동안 독자들 혹은 후배 여성들과의 독서 모임을 통해 나눈 대화와 소통의 경험을 바탕으로 쓴 책이다. 모임에서 사용했던 스스로 마음을 비춰 볼 수 있는 책을 소개하고, 책 읽고, 이야기 나누고, 질문하면서 성장한 독서 모임의 경험담을 담았다.

『천천히 깊게 읽는 즐거움』 이토 우지다카 | 21세기북스

1934년 일본의 한 고등학교에서 3년 동안 '교과서를 버리고' 소설책 1권을 읽는 수업이 진행된다. 학생이 주인공이 되어 소설 속 상황들을 경험한다. 학생들의 흥미를 쫓아가며 천천히 음미하며 읽다 보면 깊이 읽는 미독(味讀)을 경험하게 한다. 한 권의 책을 천천히 깊게 읽는 방법과 효과를 소개한다.

『그 많던 싱아는 누가 다 먹었을까』 박완서 | 세계사철학자

천천히 깊이 읽어 볼만한 책으로 일본의 하시모토 선생은 『은수저』를 선택했다면, 우리나라 책으로는 박완서 작가의 자전적 성장소설 『그 많던 싱아는 누가 다 먹었을까』가 제격이다. 1930년대 개성에서의 어린 시절부터 1950년대 전쟁으로 황폐해진 서울에서 보낸 20대까지의 이야기를 맑고도 진실하게 그렸다. 1930년대 개풍 지방의 풍속과 훼손되지 않은 산천의 모습, 생활상, 인심 등이 우리말의 아름다움을 살린 문체 속에 생생하게 묘사되어 있다. 천천히 곱씹어 읽는 재미와 함께 유년의 기억을 더듬어 볼 수 있는 책이다

『상처가 꽃이 되는 순서』 전미정 | 예담

스물여덟 편의 시와 그에 담긴 심리 에세이를 읽다 보면 '나'와 '너' 그리고 '우리'의 감정을 돌아보며 다독이게 된다. 이 한 권의 책이 상처받은 마음을 어루만지고, 현재의 '나'에서 한 걸음 성장할 수 있도록 도와주는 치유의 도구가 된다.

『의식 혁명』 데이비드 호킨스 | 판미동

왜 우리는 늘 제대로 된 선택을 내리지 못하는 것일까? 우리에게는 부정적인 것과 긍정적인 것을 구분하는 객관적 잣대가 없었고, 영적 진실은 설명이 부족하다는 이유로 무시당해왔기 때문이다. 호킨스 박사는 무시당해 온 영적 진실을 과학적인 측면에서 접근하여 설명한다. 그는 '의식 지도'를 통해 의식을 1~1000까지 분류하고 의식의 수준에 따라 우리의 행동을 결정하는 숨은 결정권자인 힘과 위력에 어떻게 반응하는지에 대해 과학적 근거와 사례를 들어 설명한다. 저자는 이 책을 읽는 것만으로도 의식 수준이 향상하는 경험을 하게 된다고 말한다. 나 또한 그의 생각에 동의한다.

『비폭력 대화』 마셜 B. 로젠버그 | 바오

이 책은 우리가 의식적이든 무의식적이든 일상적으로 사용하고 있는 폭력적인 대화를 극복하는 방법에 관해 이야기한다. 비폭력 대화는 삶에서 폭력을 줄이고 우리가 원하는 바를 평화롭게 충족하는 방법이다. 이는 우리가 태어날 때부터 가지고 있는 '연민'이 우러나는 방식으로 다른 사람들과 유대 관계를 맺는 대화법이다. 우리는 자신과 다른 사람들의 깊은 욕구를 듣게 되어, 자신이 가진 연민의 깊이를 발견할 수 있다. 또 우리의 힘을 모두의 욕구를 충족하는 방향으로 사용할 수 있게 된다. 이런 측면에서 비폭력 대화는 '영성의 실천'일 뿐만 아니라, 사랑이 넘치는 따뜻하고 활기찬 공동체를 만들 수 있는 구체적인 방법이다.

『인생 수업』 엘리자베스 퀴블러 로스, 데이비드 케슬러 | 이레

20세기를 대표하는 정신의학자 엘리자베스 퀴블러 로스와 제자 데이비드 케슬러가 죽음 직전의 사람들을 인터뷰하여 '인생에서 꼭 배워야 할 것들'을 전한다. 요지는 간단하다. "생의 마지막 순간에 간절히 원하게 될 것, 그것을 지금 하라."이다. 오늘 우리가 불행한 이유는 삶의 밑바닥에 흐르는 이 단순한 진리를 놓치고 있기 때문이다. 인생에서 우리가 어떻게 해 볼 수 있는 사람은 우리 자신뿐이다. 살고(Live) 사랑하고(Love) 웃으라(Laugh). 그리고 배우라(Learn)는 가르침을 주는 책이다.

『닉 부이치치의 허그』 닉 부이치치 | 두란노

태어날 때부터 팔다리가 없던 청년 닉 부이치치의 이야기다. 신체적 장애로 인한 고통과 아픔, 절망을 극복하고 마침내 있는 그대로의 자신을 받아들이는 용기를 통해 그는 신체장애를 가지고도 자신이 좋아하는 삶을 살 수 있다는 것을 보여 준다. 또한, 자신의 신체를 있는 그대로 사랑하게 되자 그 몸을 통해 세상 사람들에게 용기와 희망을 전할 수 있게 되었다.

『나무를 심은 사람』 장지오노 | 두레

한 노인이 평생을 바쳐 사람이 살 수 없게 된 황무지에 나무를 심는다. 그 땅은 40년이 흐른 뒤 1만 명이 넘는 사람들에게 행복한 웃음을 주는 땅으로 변화됐다. 이 이야기를 읽은 애니메이션 작가 프레데릭 백은 홀로 5년 동안 2만 장의 그림을 그려 애니메이션화했으며 이 영화를 본 캐나다 국민은 2억 5천만 그루의 나무를 심었다고 한다. 어떤 보상도 바라지 않고 세상에 뚜렷한 흔적을 남긴 위대한 영혼의 노인을 보며 어떻게 살아가야 하는가에 대해 생각하게 한다.

『나미야 잡화점의 기적』 히가시노 게이고 | 현대문학

30여 년간 비어 있던 오래된 잡화점에 숨어든 삼인조 좀도둑들이 나미야 잡화점 주인 앞으로 온 한 통의 편지를 우연히 열어 보고 편지에 답장을 해 주기 시작한다. 그리고 이어지는 편지에 답장한다. "지금까지 살아오면서 오늘 처음으로 남에게 도움 되는 일을 했다는 실감이 들었어. 나 같은 게. 나 같은 바보가." 보육원에서 자란 좀도둑 고헤이의 말이다. 중국에서 나비가 날갯짓을 하면 태평양 건너 반대편 대륙에 폭풍을 일으키듯, 한 사람의 어떤 행동이 또 다른 누군가의 삶에 큰 영향을 주며 서로 깊숙이 연결되어 있음을 느끼게 하는 마법 같은 소설이다.

chapter 4

책 읽기의
모든 것

생존독서를 하면 무엇이 좋을까

'삶의 의미와 삶을 위한 한층 높은 목적을 찾고 따르는 갈매기보다 더 책임 있는 자가 대체 누구란 말입니까? 수천 년 동안 우리는 물고기 대가리를 찾아 휘젓고 다녔습니다. 그러나 이제 우리는 살기 위한 이유를 갖게 되었습니다. 배우고, 발견하고, 자유롭게 되는 것 말입니다!'

리처드 바크,『갈매기의 꿈』

수천 년 아니 수만 년 동안 우리는 생존을 위해 물고기 대가리를 찾아 휘젓고 다니는 갈매기와 같은 삶을 살고 있다. 그러나 소수 사람은 『갈매기의 꿈』의 주인공 조나단 리빙스턴 시걸과 같이 자기 삶의 이유를 찾아 배우고, 발견하고, 자유롭게 창공을 날며 세상을 이롭게 하는 일을 주도하는 삶을 산다. 『엔트로피』의 저자 제러미 리프킨은 이렇게 말한다.

'사회학자들은 지난 20만 년간 인류 문명 발전이 그동안 이 땅에 살아온 모든 인류의 노력 결과라고 말한다. 이것은 모든 인류에 경의를 표하는 우아한 시작이지만 진실은 아니다. 지금까지 문명과 문화의 발달은 0.1퍼센트의 창의적 인간이 다른 사람은 생각지 못하는 것을 생각하고, 다른 사람은 꿈꾸지 않는 것을 꿈꾸며, 모두가 보지 못하는 어두운 곳에 깃발을 꽂고 이곳이 젖과 꿀이 흐르는 새로운 땅이라고 외치면, 0.9퍼센트의 안목 있는 인간이 그것을 알아보고 그들과 협력하고 후원하며 새로운 문명을 건설한 결과다. 나머지 99퍼센트는 이 1퍼센트가 모든 것의 기초를 닦고, 새로운 계단을 놓고 난 다음에야 비로소 그 위에 올라와 세상 참 많이 달라졌다는 감탄사를 연발하며 또다시 그곳에 안주한다.'

그동안 살아오며 많은 책을 읽었지만 늘 비슷한 수준의 책 읽기에서 벗어나지 못하고 있는 사람, 책을 읽어도 무슨 내용인지 요약할 수 없고 작가가 무엇을 말하고자 하는지 한마디로 표현하기 어려운 사람, 좀 더 높은 수준의 책을 읽으며 성장하고 싶은 욕구는 있으나 매번 완독을 실패해 자책하며 다시 제자리 독서를 하는 사람, 무슨 책을 읽어야 좋은지 스스로 알지 못하는 사람, 책은 많이 읽었으나 현실의 삶에 직접적인 변화가 없는 사람 등, 그동안 인생을 바꾸는 독서·글쓰기 집단을 통해 많은 사람을 만나고 이야기를 나누면서 알게 된 고민이다. 그들의 공통된 욕구는 책을 잘 읽고 성장하고 싶은 마음이라고 생각한다.

나는 독서를 통해 오늘날 우리 사회가 가진 문제와 개인이 안고 있는 삶의 문제들이 해결될 수 있다고 생각한다. 독서야말로 진정한 치유와 성장에 이를 수 있도록 하는 가장 강력한 도구라고 믿기 때문이다. 책을 읽는 당신이 제러미 리프킨이 말하는 0.1퍼센트의 창의적 인간이 되거나 혹은 0.9퍼센트의 안목 있는 인간이 되어 세상이 살기 좋은 곳이 되도록 변화를 주도하고 이끄는 사람으로 살아가길 바란다.

생존독서법은 1940년 미국에서 출간된 이후 현재까지 독서법의 고전으로 꼽히는 모티머 J. 애들러와 찰스 반 도렌의 『생각을 넓혀 주는 독서법』(멘토)을 기반으로, 내가 지난 20여 년간 독서와 글쓰기 지도를 한 경험을 조합하여 누구나 쉽게 이해하고 적용할 수 있도록 구성했다. 먼저 현재 독서수준을 점검할 수 있는 독서 수준의 4가지 단계를 알아본다. 그다음 기본적인 훑어 읽기에서 시작하여 질문하고, 분석하고, 요약하며 읽는 방법을 통해 독서 실력을 키우고, 함께 읽기와 책을 쓰는 단계로 성장할 수 있도록 하는 통합적 읽기가 그것이다.

독서 모임이 함께 나누고 성장하는 부분에 초점이 맞춰져 있다면 '생존 독서'는 홀로 책과 마주하고 자신을 단련하는 과정이다. 다른 사람과 책에 대해 나누는 것은 홀로 읽기 과정이 어느 정도 된 이후에 가능하다. 물론 어려운 책을 함께 읽으면 서로 의지가 되고 도움이 되기도 하지만, 타인과 나누기 이전에 홀로 읽기의 시간을 갖는 것이 무엇보다 중요하고 효과적인 성장을 이끌어 낸다. 이 과정을 마친 후 함께 나누면 혼자서는 알기 어려운 통찰을 얻을 수 있다.

당신이 책을 잘 읽고, 잘 이해하고, 삶에서 활용할 수 있게 된다면 그 이후 삶은 혼자가 아닌 세상의 위대한 스승들과 함께 가는 길이 된다. 그들의 지혜가 언제든지 당신의 삶을 응원하고 지지하며, 바른길을 알려 주게 될 것이다. 그저 잘 읽고, 이해한 것을 글로 쓰기를 반복하다 보면 스스로 알게 된다. 그러면 다른 누구의 지도가 없어도 필요한 시기마다 책을 통해 배우고 깨달아 가며 성장할 수 있다.

독서 수준의 4가지 단계

　최근 어릴 적부터 학원에 길든 대학생들이 대학 전공과목까지 과외를 받고 있다는 뉴스 보도를 보았다. 믿을 수 없는 일이지만, 당연한 결과가 아닐까 하는 생각도 든다. 초보적인 문자 읽기가 시작되는 유치원부터 고등학교 시절까지 주입식 요점 정리 교육을 받아 온 학생들이 스스로 탐구해서 답을 찾는 대학 수업을 어려워할 것은 누구나 예측 가능한 결과이다. 학생들은 전공과목에 대한 인터넷 강의를 듣고, 정리해 주는 요약을 받아 적으며 공부한다. 대학에서 교수가 해 주는 강의는 무슨 말인지 막연하고, 요점을 알기 어렵다는 것이다. 최고의 독서 수준으로 성장했어야 할 나이지만, 오랜 시간 받아온 사교육 탓에 스스로 책을 읽고 공부할 수 있는 능력이 키워지지 않은 것이다. 즉 초등학교 수준의 독서에 머물러 있다는 말이다.

　독서란 단순히 문자를 읽는 것에서 끝나는 것이 아니라 문자에 담긴 의미를 찾아내는 해독 과정이다. 이 과정에서 독자는 저자가 전하고자 하는 것을 이해하고, 독자 나름의 경험을 바탕으로 글을 분석하고, 종합, 추론, 판단하는 주체적이고 능동적인 고도의 사고 과정을 경험하게 된다. 이러한 독서의 과정을 모티머 J. 애들러는 4가지 수준으로 나누었다. 책을 잘 읽고 이해하기 위해 당신의 현재 독서 수준을 점검해 보자. 먼 길을 가기 전에 지도를 한 장 가지고, 그 길의 끝에 무엇이 있는지 알고 가자는 것이다.

독서 수준의 4가지 단계는 각각의 단계에서 높은 수준은 낮은 수준의 능력까지 포함하며 점증적으로 발전한다. 다시 말해서 1수준이 2수준에서 없어지지 않고 누적되어 발전하며, 3수준은 1수준과 2수준을 포함한다. 4수준의 독자는 나머지 세 수준을 자유롭게 구사할 수 있으며, 그 이상이 된다.

: 독서의 제1수준은 '기초적인 읽기'다

초보적인 읽기, 기초적인 읽기 수준이다. 문맹을 벗어나 간신히 글을 읽기 시작한 유치원 단계에서부터 시작한다. 어휘가 급속히 증가하는 초등학생이 되면 문맥을 통해 처음 보는 단어의 의미를 알아내는 기술로 발전한다. 이후 초등 고학년이 되면서 읽은 것을 자기 것으로 소화하게 된다. 즉 여러 작품의 주제와 관점을 비교하고, 서로 다른 책을 연결 지어 생각할 줄 안다. 거의 모든 것을 알 수 있을 만큼 성숙한 상태로 성장한다. 이제 마음먹은 대로 거의 모든 것을 읽을 수 있으나 비교적 단순하게 읽는 데서 그친다.

제1수준에 알맞은 질문은 "이 글이 무엇을 말하고 있는가?"이다. 독서의 제1수준은 매우 중요하다. 이 수준에 문제가 생기면 이후 성인이 된 후에 계속 어려움을 겪게 된다. 가장 기초가 튼튼하게 다져져야 할 단계이다. 속독 훈련도 대부분이 단계를 훈련하는 것에 집중되어 있다. 만일 성인이라 하더라도 이 단계가 확실히 성취되지 않았다면 시간과 정성을 들여 자신의 흥미와 어휘 수준에 맞는 책을 읽는 시간을 가질 필요가 있다.

: 독서의 제2수준은 '살펴보기'다

독자는 15분~30분 정도의 정해진 시간 동안 일정한 분량을 읽는다. 살펴보기의 목적은 주어진 시간에 책의 내용을 얼마나 많이 파악하느냐는 데 있다. 다른 말로 하면 대강 읽어 보기, 미리 읽기라고 할 수 있다. 그러나 대충 보는 것은 아니다. 체계적으로 훑어보는 기술이다. 책을 잘 읽는 사람 중에도 살펴보기의 중요성을 간과하는 경우가 있다. 그러나 어떤 책을 읽기 전에 미리 살펴보며 무엇에 관한 책인지, 구성은 어떻게 되어 있는지 알고 읽으면 훨씬 쉽게 끝까지 읽기에 성공할 수 있다.

제2수준에 이르면 "이 책은 무엇을 쓴 것인가?" 그래서 "이 책의 구성은 어떻게 되어 있는가?"에 대해 알고 싶어진다. 진정한 읽기의 단계에 이른 것이다. 살펴보기에 대해서는 다음 장에서 좀 더 자세히 알아보자.

: 독서의 제3수준은 '분석하며 읽기'다

철저하게 읽기, 완벽하게 읽기, 잘 읽기의 단계이다. 할 수 있는 한 가장 잘 읽는 것이다. 분석하며 읽기는 이전 단계보다 복잡하고 조직적인 사고력을 필요로 한다. 살펴보기가 짧은 시간에 최대한 완벽하게 잘 읽는 것이라면, 분석하며 읽기는 시간제한 없이 가장 완벽하게 잘 읽는 것이다. 이는 능동적이고 매우 적극적인 독서 활동으로, 독자가 책을 완전히 이해하며 읽는 활동이다. 책의 구조를 파악하고, 주제의 통일성과 명확성을 찾고, 중심 내용을 찾아보고, 책의 전체적인 내용을 요약하면서 저자의 의도를 파악한다. 책에 따라 몇 시간에서 며칠, 혹은 그 이상 걸릴 수 있다. 보통 고등학생 정도면 분석하며 읽기에 이르도록 훈련돼야 한다.

그러나 우리의 현실은 이와는 거리가 멀다. 무엇보다 마음을 움직이는 책을 고를 여유도 주어지지 않고, 설사 그런 책을 고르는 안목을 가졌더라도 천천히 분석하며 읽을 여유가 없어서 대학생이 되어도 분석하며 읽기를 경험하지 못하고 있다. 경험을 못 했으니 그 맛을 모르고, 그 맛을 모르니 책과 담을 쌓게 된다. 분석하며 읽기의 맛을 알아야 비로소 저자와의 대화가 가능해지고, 책 속의 지혜가 현실의 삶에 변화를 일으키는 경험을 하게 된다. 그래서 조금 복잡하고 지루하게 느껴지는 책이라도 자신에게 필요하다면 천천히 분석하며 읽기를 즐기게 된다.

: 독서의 제4수준은 '통합적(Syntopical) 읽기'다

가장 복잡하고 체계적인 책 읽기 유형이다. 두 권 이상의 책을 읽고 그 책들이 전달하고자 하는 주제를 연관 지어 비교하며 읽는 과정이다. 다른 책의 도움을 받아 그동안 어떤 책에서도 읽지 못한 주제를 찾아내고 분석하는 작업을 말하기도 한다. 이때 살펴보기와 분석하며 읽기는 통합적 읽기를 위한 준비라 할 만큼 유용한 도구가 된다. 한 가지 주제에 대한 수십 수백 권의 자료를 모두 분석하며 읽는 것은 시간 낭비다. 살펴보기를 통해 다시 들여다보아야 할 책과 아닌 책을 빠르게 분류할 수 있고, 이렇게 분류된 자료는 다시 분석하며 읽는다.

이 단계는 대학생이나 대학원생 이상으로, 논문을 쓰거나 특정한 주제로 책을 쓰려는 사람에게 반드시 필요한 책 읽기 방식이다. 그러나 초보 독서가라도 통합적인 기법을 활용해 엮은 책을 읽으며 그 속에 소개된 다양한 책들이 하나의 주제로 서로 연결되고 있음을 발견할 수 있고, 통합적으로 책을 읽는 것이 무엇인지 경험할 수 있다. 예를 들면 지금 당신이 읽고 있는 이 책도 수백 권의 자료들을 살펴보고 분석하며 읽은 후 '생존독서'라는 새로운 주제를 찾아내고, 그에 맞는 자료들을 통합하여 만든 책이다. 통합적으로 읽기는 가장 보람 있고, 가장 많은 것을 얻을 수 있는 책 읽기이다.

우리가 책을 읽는다는 것은 책을 온전히 이해하고, 분석하고, 통합하여 자기만의 목소리로 세상에 노래하기 위함이다. 실패를 두려워하지 말고 '왜 책을 읽는가?'라는 목적에 충실히 배우고, 발견하기를 즐기면서 한 걸음씩 성장해 나가길 바란다. 모티머 J. 애들러가 제시하는 독서의 4단계는 당신이 원하는 모습의 독서가로 성장해 나가는 데 좋은 길잡이가 되어 줄 것이다.

책을 읽는 여러 가지 방법

　대한출판문화협회 통계를 보면 2014년 한 해 동안 발간된 신간 도서의 종수가 총 4만 7,589종에 이른다. 한 해 출판되는 신간 도서만 해도 이 정도니 실로 엄청난 양의 책이 출판되고 있다는 걸 알 수 있다. 이렇게 많은 책 중 자신에게 꼭 필요한 책을 찾아 읽기 위해서는 자기만의 특별한 독서 방법이 필요하다. 다양한 독서 방법에 대해 알아보고 숙지하여 책의 장르와 읽는 목적에 맞게 활용하면 책을 읽는 재미를 더할 수 있다.

　책을 읽는 방법은 크게 정독과 속독으로 나뉜다. 이를 다시 소리를 내서 읽는 음독과 낭독, 구연으로 분류하고, 조용히 눈으로만 읽는 묵독, 자세히 읽는 정독, 대강 필요한 부분만 읽는 통독과 적독, 많이 읽는 다독으로 나눈다.

　1 음독(音讀) 처음 책 읽기를 배우는 사람들에게 적합한 방법으로 유치원과 초등학생 등 글을 처음 배우는 사람들에게 매우 효과적인 읽기 방법이다. 글을 처음 배우는 사람은 반드시 소리 내어 읽는 단계를 일정 기간 거치는 것이 좋다.

　2 낭독(朗讀) 중세시대에 주로 종교적 행위로 성서를 읽을 때 사용되었던

방법으로 읽고 또 읽으며 내용을 곱씹어 보는 읽기 방법이다. 주로 시나 경전, 고전을 읽는 방법으로도 유용하다. 낭독을 많이 하면 나중에 발표하거나 연설을 할 때 크게 도움이 된다.

3 정독(精讀) 책을 자세히 분석하며 읽는 것을 말한다. 저자가 이야기하고자 하는 요지를 파악하며 읽고, 책의 주제를 파악하고, 전체의 내용을 요약하여 말할 수 있도록 읽는 활동이다. 정독은 다시 그 읽기의 방법에 따라 아래와 같이 나눠 볼 수 있다.

· 지독(遲讀): 늦을 지(遲)에 읽을 독(讀)을 써서 느리게 천천히 읽는 책 읽기이다. 즉 책을 읽으며 마음과 생각이 가는 곳에서 잠시 머무르는 책 읽기라 할 수 있다. 잠시 머무르며 책에 밑줄을 긋기도 하고, 깊이 생각하여 얻은 통찰을 책에 기록해두기도 하며 읽어 나가는 독서법이다.

· 숙독(熟讀): 글의 뜻을 잘 생각하면서 하나하나 자세히 읽는 방식으로 책의 내용을 내면에 깊이 새기고 익히며 읽는 방법이다. 예를 들면 시를 읽을 때 그 숨겨진 뜻을 생각하며 음미하여 읽는 것과 같다.

· 미독(味讀): 내용을 충분히 음미하면서 읽는 책 읽기 방법이다. 책의 문장이나 표현들을 되새기며 그 의미를 직접 느껴보는 책 읽기라 할 수 있다. 일본의 하시모토 선생이 학생들과 『은수저』라는 작품을 읽으면서 중간중간 그 책에 나오는 놀이도 직접 해 보고, 먹거리도 먹어 보고, 꽃도 관찰하러 들판으로 나가고 한 것도 미독의 한 가지 예라 할 수 있다.

· 소독(素讀): 거닐며 읽기, 산책하며 읽기라는 뜻도 있지만, 책을 읽고 나서 하는 사색을 이르기도 한다. 읽은 책의 내용을 떠올리며 명상을 하는 것이라고 할 수 있다.

· 오독(悟讀): 깨달음에 이르게 하는 독서로 성현들의 독서법이다. 책을 읽고 깨달은 것을 직접 삶에 적용하는 것을 말한다.

· 재독(再讀): 다시 반복하여 읽는 독서를 말한다. 고전 독서를 할 때 주로 활용하며 읽을 때마다 새로운 느낌과 감상을 얻을 수 있다.

4 속독(速讀) 안구 훈련을 통해 빠른 속도를 유지하며 읽는다. 시간을 절약하여 많은 정보를 살펴볼 수는 있으나 성장과 변화를 일으키는 분석적 읽기를 하기에는 적합하지 않다. 그러나 오랜 시간 독서를 꾸준히 해 온 독서가들은 일반 사람들보다 빠른 속도로 책을 읽을 수 있다.

5 통독(通讀) 체계적으로 훑어 읽기와 같다. 책을 읽기 전에 미리 살펴 읽는 독서법이다. 책 표지와 저자의 서문, 목차를 읽고, 중간중간 책의 내용을 읽어 보면서 전체적으로 훑어보는 책 읽기 방법이다.

6 적독(摘讀, 積讀) 필요한 부분만 골라 읽는 방법으로, 발췌독 혹은 많은 자료를 쌓아 두고 읽는 것을 말한다. 주로 사전이나 도감류를 읽을 때 사용한다. 논문을 쓰거나 주제에 맞는 자료를 찾을 때도 유용한 읽기 방법이다. 정보화 사회에서 가장 많이 활용되고 있는 책 읽기, 정보 읽기 방법이라 할 수 있다.

7 다독(多讀) 특별한 분야에 편중되지 않게 다양한 분야의 폭넓은 주제를 읽는 것을 이르는 말이다. 많은 분야를 접해서 박학다식에 이를 수는 있으나 전문적인 지식을 갖는 데는 한계가 있다.

8 구연(口演) 아이들과 전래동화를 읽을 때 실감 나고 재미있게 읽는 방법이다. 또는 셰익스피어의 『4대 비극 5대 희극』이나 사무 엘베게트의 『고도를 기다리며』와 같은 희곡을 읽을 때 이 방법을 활용하면 책의 느낌을 극대화해 감성을 자극할 수 있다.

지금까지 소개한 독서법은 한 권의 책을 읽더라도 다양하게 활용해 볼 수 있다. 예를 들어 지금 읽고 있는 『생존독서』를 읽기 전에 통독으로 표지와 서문을 보고 목차를 훑어본 다음 군데군데 펴 보면서 저자의 의도를 파악해 볼 수 있다. 그리고 자신의 목적에 맞는 책이라고 생각되면, 처음부터 끝까지 정독한 다음 중요한 부분에서는 지독의 방법을 활용하여 밑줄도 긋고, 책의 여백에 메모도 한다. 그리고 생각날 때마다 재독하며, 그 의미를 되새기는 미독을 할 수 있다.

이렇듯 다양한 읽기 방법을 활용하면 책 읽기가 좀 더 재미있고 의미 있어진다. 뭐든 기본을 아는 것이 중요하다. 이렇게 읽어라, 저렇게 읽어라 하는 방법보다는 책 읽기의 기본을 알고 그것을 스스로 활용하여 자기만의 방식으로 읽는 것이 나를 살리고 세우는 생존독서다.

본격적으로 읽기 전에 훑어보는 법

효과적인 책 읽기를 위해 반드시 필요한 것이 살펴 읽기다. 살펴 읽기를 잘하면 짧은 시간에 많은 정보를 얻을 수 있고, 자신에게 꼭 필요한 책을 찾는 안목도 갖게 된다. 살펴 읽기에는 체계적으로 '훑어 읽기'와 '겉만 핥아 읽기'가 있다. 대체로 책을 능숙하게 읽는 사람은 이 두 가지 방법을 동시에 활용할 수 있다.

책을 읽기 전에 대략 훑어 읽는 이유는 자신에게 맞는 필요한 책을 찾기 위함이다. 훑어 읽기를 하는 시간은 불과 몇 분에서 아무리 길어도 한 시간이 걸리지 않으니 설사 원하는 책이 아니더라도 시간 낭비는 아니다. 자신에게 맞지 않는 책을 처음부터 찬찬히 읽다가 포기하는 것보다 몇 분의 시간을 투자해서 원하는 책을 찾는 것이 훨씬 합리적인 방법이다. 또 잠깐 훑어보는 것만으로도 그 책이 어떤 종류의 책인지, 저자의 주된 의도는 무엇인지 알 수 있어서 당장 읽을 책이 아니라 하더라도 이후 필요할 때 활용할 수 있는 정보를 얻을 수 있다.

훑어 읽기를 할 때는 먼저 속표지와 서문을 보면서 어떤 분야의 책인지, 무엇을 목적으로 쓴 책인지를 살펴보고, 이전에 읽었던 책과 비교하며 나름의 방법으로 분류해 보는 것이 좋다. 두 번째로 목차를 살펴보면 어떤 종류의 책인지 알 수 있다. 그리고 색인을 보면 저자의 가치관과 견해를 짐작해 볼 수 있다. 세 번째로 표지에 있는 광고 문구나 부제를 보면 저자의 주된 저술 의도가 무엇인지 알아볼 수 있다. 마지막으로 목차를 보면서 논점의 중심이 될 만한 부분을 찾아 직접 읽어 본다. 특히 책 마지막 부분의 두세 페이지를 읽어 보아야 한다. 이 부분에 저자가 책으로 전달하고자 하는 내용이 집약적으로 담겨 있기 때문이다.

만약 당신이 이 책을 읽기 시작할 때 이와 같은 방법을 활용하지 않았다면 지금이라도 잠시 책장을 덮고 먼저 제목과 속표지, 서문을 살펴보고, 목차와 색인을 살펴보면서 무엇에 관한 책인지, 이 책으로 전달하려고 하는 주제가 무엇인지, 저자의 주된 저술 의도는 무엇인지 생각해 보자. 짧은 시간 안에 이 책에서 이야기하려는 것이 무엇인지 알 수 있을 것이다.

이 활동은 어떤 책을 읽게 되든지 반드시 거쳐야 하는 단계로 생각해라. 처음에는 좀 번거로울 수 있으나 계속하다 보면 짧은 시간에 책에 대한 많은 정보를 얻을 수 있고, 당신이 원하는 주제를 가진 좋은 책을 찾아 여유 있게 분석하며 읽을 수 있도록 도와줄 것이다.

다음은 겉만 핥아 읽기이다. 빠르게 훑어 읽기를 통해 읽어 볼만한 책으로 선택된 책 중에 읽기 어려운 고전 문학이나 사상서 같은 책들을 단숨에 읽어 보는 것이다. 예를 들면 나는 데이비드 호킨스의 『의식혁명』이나 헨리 데이비드 소로의 『월든』을 처음 접했을 때 솔직히 다 이해할 수 없었으나 끝까지 읽는 것을 목적으로 그냥 읽었다. 읽다 보니 쉽게 이해되지 않는 부분이 있어 찾아보거나 곰곰이 생각해 보고 싶은 유혹이 있었지만, 그냥 끝까지 읽었다. 훑어 읽기에서는 이렇게 읽는 것이 중요하다.

중간에 다른 책을 찾아본다거나 사전을 찾아보거나 주석을 참고하지 않고 그냥 끝까지 빠르게 읽는 것이다. 다 읽고 났을 때 너무 모르는 것이 많아 50퍼센트밖에 이해되지 않았다 하더라도 처음 읽은 느낌을 이야기할 수 있어야 한다. 그래야 모르는 게 많으니 더 배우기 위해 다시 읽게 된다.

나 역시 처음엔 겉만 핥아 읽었지만, 중도에 포기하지 않고 끝까지 읽는 경험을 통해 나무가 아닌 숲을 볼 수 있는 눈을 갖게 되었다. 고전은 단숨에 이해할 수 없는 책이다. 좋은 책은 읽을 때마다 새로운 것을 깨닫게 해준다. 이렇게 훑어 읽기를 통해 선택되고, 다시 꼼꼼히 읽은 책들은 삶의 순간순간 필요할 때 지혜를 구할 수 있는 친구가 된다.

이제 남이 아닌 당신이 직접 필요한 책을 골라, 심부름꾼이 아닌 여행자가 되어 충분히 누리며 읽을 수 있기를 바란다. 책 속에서 만난 의미 있는 순간 속에서 진정한 자신을 만나길 바란다. 빠르게 훑어 읽고, 겉만 핥아 읽는 과정이 수많은 책 중에서 일생 간직하며 읽고 또 읽고 싶은 책을 만날 수 있게 도와줄 것이다. 살펴 읽기를 통해 당신에게 필요한 진짜를 찾아낼 수 있다.

나만의 방법으로 분석하고 요약하기

한 권의 책을 제대로 읽는다는 것은 무엇일까? 지금까지 살펴본 책 읽기 방법들을 활용해 보자. 먼저 책을 읽기 전에 전반적으로 빠르게 살펴 읽는다. 이것은 책의 핵심 내용을 파악하여 자신이 원하는 목적과 목표에 맞는 책인지 확인하는 작업이다. 그리고 좋은 책이라 생각되면 충분한 시간을 가지고 질문하고 분석하며 읽는다. 다 읽고 난 후에는 비슷한 주제의 다른 텍스트와 통합하여 활용할 수 있도록 읽은 책을 분류하고, 읽고 나서의 생각과 느낌을 정리해 둔다. 즉, 한 권의 책을 두 번 이상 읽어 보며 자기만의 텍스트로 활용할 수 있도록 하는 것이다.

물론 모든 책에 이와 같은 방법을 적용할 필요는 없다. 소설을 읽을 때는 마음 가는 대로 읽고 당신의 시선이 머무는 곳에서 잠시 멈춰 상념에도 젖어 보고, 작가의 의도와 별개로 당신만의 생각과 느낌으로 읽는 것도 괜찮다. 특별히 치유 목적을 가지고 읽는 독서에서는 같은 이야기라도 독자의 주관적인 경험과 해석이 만나서 일으키는 감상이 매우 다름을 볼 수 있다. 즉 정형화되지 않은 당신만의 방법으로 읽고, 의식의 흐름에 따라 생각이 미치는 대로 글을 쓰는 것도 좋은 방법이다.

그러나 기본적으로 책을 접할 때 분석하고 요약하고 정리하며 읽으면, 평소 어렵다고 생각하는 분야나 관심이 없어서 문외한인 주제에 관해서도 스스로 공부할 힘을 기를 수 있다. 시간을 가지고 분석하며 읽기를 하기 위해서는 먼저 분석할 만한 가치가 있는 책을 찾는 것이 중요하다. 세상에는 살펴 읽기만으로도 충분한 책도 있고, 반드시 오랜 시간 공을 들여 읽어야 하는 책도 있기 때문이다. 늘 쉽게 읽을 수 있는 책만 읽으면 성장이 더디다. 성장하려면 어느 정도 긴장감을 주는 책을 선정하여 여유를 가지고 읽는 것이 좋다. 자신이 편안하게 생각하는 수준을 넘어선 책을 찾아 도전해 보길 바란다. 한 권의 책을 성공적으로 끝까지 읽는 경험을 하게 되면 느끼는 만족과 기쁨이 유명 강사의 강의를 듣고 배우는 것보다 훨씬 크고 중독적이라는 것을 알게 된다. 당신 자신을 믿고 도전하자.

아래 제시된 '분석하며 읽기'를 위한 예문을 참고하여 책을 읽는다면 더욱 깊이 있는 책과의 만남이 될 것이다.

: 분석하며 읽기를 위한 질문의 예

1 책의 종류와 주제는 무엇인가?

2 책에서 저자가 풀어 나가려고 하는 문제는 무엇인가?

3 책에서 사용하고 있는 중요한 키워드와 그 의미는 무엇인가?

4 가장 중요한 문장은 무엇이며, 그 문장에 담긴 저자의 주장은 무엇인가?

5 책에서 저자가 풀어낸 문제는 무엇인가? 풀지 못한 문제는 무엇인가?

분석하며 읽기에서 가장 주의해야 할 것은 책에 대해 파악하고 이해하기 전에는 비평하지 않는 것이다. 어떤 비평이든 책의 내용에 근거한 비평이어야지 개인적인 가치로 평가하고 트집 잡는 것은 성숙하지 못한 태도다. 책을 통해 서로 다른 가치에 대해 배우길 원하는 것이지, 판단하고 헐

뜯기 위함이 아니기 때문이다.

자, 이제 분석하며 잘 읽은 책을 요약해 보자. 요약하는 일은 시간이 좀 걸리는 번거로운 작업이 될 수 있지만, 책 읽기의 백미라고 해도 과언이 아니다. 읽은 책을 내 책으로 만드는 연금술의 과정이라 하겠다. 저자는 책을 쓴다. 독자는 책을 읽는다. 그리고 독후 활동을 통해 독자는 저자의 의도와는 전혀 다른 제삼의 것을 창조해 낸다. 이것을 가능하게 하는 힘은 요약에서 나온다.

책의 주제나 읽은 후 느낌과 깨달은 것을 간단하게 기록할 수도 있다. 그러나 이런 간단한 요약으로는 책을 마음대로 통합하여 읽고 재창조하여 삶에서 원하는 변화를 일으키는 통합적 읽기(syntopical)에 이르기는 어렵다. 그래서 좀 더 체계적인 요약이 필요하다.

그러나 너무 겁먹을 필요는 없다. 앞서 질문하고 분석하며 읽기에서 알려 준 대로 밑줄 긋고 여백에 생각을 기록하며 목차에 따라 상세하게 정리해 보면 된다. 어렵고 이해가 되지 않아 밑줄을 많이 그어 놓은 책은 소제목별로, 문단별로 정리하다 보면 요약하는 과정에서 저자가 책을 통해 말하고자 하는 바를 명확히 이해할 수 있고, 특별히 당신한테만 들려주는 메시지도 들을 수 있게 된다. 그럼 그 알아차림도 함께 요약해서 기록해 둔다. 이렇게 읽은 책을 요약 정리하는 경험이 쌓이면 당신은 책을 쓴 저자와 비슷한 수준에서 이해하고 통찰할 수 있는 독자가 될 것이다.

자료를 정리하기 위해 노트를 한 권 마련하여 손 글씨로 쓸 수도 있고, 컴퓨터에 파일을 만들어 축적해 둘 수도 있다. 나는 보통이 두 가지 방법을 병행하여 사용한다. 책을 읽다가 급히 떠오르는 생각은 책의 아무 귀퉁이에나 적어 놓기도 하고, 가지고 다니는 노트에 적기도 한다. 다 읽고 난 뒤에는 컴퓨터에 파일로 정리한다.

이렇게 공들여 읽고 정리한 내용을 세상과 소통하고 공유한다면 꾸준히 독서할 수 있는 원동력이 된다. 블로그나 카페에 기록하고 나누다 보면 자신에 대해 더 많이 알게 되고, 누적된 정보를 통해 자신이 얼마나 성장하고 있는지 실감할 수 있다. 무엇보다 당신이 읽은 책을 통해 다른 이에게 도움이 되는 기쁨을 누릴 수 있다.

책을 읽는 과정은 홀로 배우는 과정이다. 글을 통해 관찰하고 상상하고 느끼고 분석하는 가운데, 스스로 배우고 깨닫게 된다. 결국, 독서는 작가의 사상이나 지식을 배우는 것이라기보다 그것을 받아들이는 과정을 통해 스스로 깨달음을 얻어 성장하는 과정이라 할 수 있다. 무엇보다 스스로 모르는 것을 알아내려고 애쓰는 과정이 필요하다. 모르는 것, 궁금한 것을 찾아 또 다른 책을 펼치고, 한 권의 책 속에서 다른 책을 안내받고, 한 명의 스승을 만나고, 그 경험이 또 다른 스승과의 만남으로 이어진다. 이것이 진정한 어른의 공부다.

지금 시작해도 늦지 않았다. 삶은 계속될 테고, 스승들은 언제나 우리를 기다리고 있다. 당신이 그 교실의 문을 열고 들어가기만 하면 된다. 그들을 좋은 스승으로 만드는 것 역시 당신이다. 위대한 스승이 기다리는 교실로 들어가는 방법은 아주 간단하다. 당신의 엄지와 검지를 조금 활용하면 된다. 부디 좋은 만남이 있기를….

책을 분석하고 요약 정리할 수 있는 표

책제목		**작성일**	
지은이		**출판사**	
글의 종류			
글의 주제			
읽은 날짜	년 월 일 ~ 년 월 일		
키워드			
책 내용 정리	※ 책을 읽으며 밑줄 그은 부분이나 중요하다고 생각한 부분을 정리한다. (책의 내용에 따라 얼마든지 길게 정리해도 좋다.)		
중요한 문장	※가장 인상적인 문장을 적는다.		
책에 대한 평가 및 대안 제시	※ 책에 담긴 저자의 주장에 대한 평가나 전체적 작품에 대한 평가를 정리한다.		
자신에게 미친 영향	※ 책을 읽으면서 혹은 읽은 후의 변화와 삶에 적용한 부분을 기록한다.		

예시

책제목	남자의 공간	작성일	2015.11.5
지은이	이문희, 박정민	출판사	21세기북스
글의 종류	자기계발서/힐링에세이		
글의 주제	남자에게 남자만의 공간이 필요하다.		
읽은 날짜	2015년 11월 3일~2015년 11월 5일		
키워드	골방, 있는 그대로의 나와 마주하기, 숨은 감정, 나답게 산다는 것		
책 내용 정리	20P 치유에서 가장 필요한 것은 드러냄, 즉 직면이다. 사랑받으려고 하는 마음의 종국에는 자기 자신과 멀어지게 하는 '자기부정' 혹은 '자기 상실'이 있다. 31p 제프리 영 '도식 치료' 삶에서 심리적 문제가 생기는 이유는 전혀 도움이 되지 않는 부정적인 도식 때문. (예) 뭐든 완벽하게 완수해야 해. 다른 사람의 도움이 없으면 나는 살 수 없어… 등 ※ 책의 분량에 따라 필요한 만큼 얼마든지 길게 적는다.		
중요한 문장	충분히 느끼고 절절히 슬퍼하자. 나를 돌봐야 할 사람은 바로 나. 나 자신의 다양한 감정을 허용하고 느끼는 것은 나를 외면하지 않고 자신과 연결된 상태를 뜻한다. 자기 감정을 수용하고 공감하는 것은 내 인생 전체를 감싸 안는 일이다.		
책에 대한 평가 및 대안 제시	제목은 『남자의 공간』이지만 가족 부양과 사회적인 역할에 치여 자기만의 시간을 갖지 못하는 성인들에게 권할만한 책이다. 자기를 사랑하는 가장 기본적인 방법을 배울 수 있게 해 주는 책이다.		
자신에게 미친 영향	가정 이외의 나만의 공간이 필요함을 새삼 느끼게 해 주었다. 나의 경우 집이 동굴이기에 삶의 활력을 줄 수 있는 또 다른 아지트가 필요하다. 분위기 좋은 카페와 규칙적인 운동을 할 수 있는 나만의 공간과 시간을 확보하자!		

책 읽기의 완성, 통합적으로 읽기

　지금까지 알아본 살펴 읽기와 분석하며 읽기는 통합적 읽기를 자유롭게 하기 위한 준비 과정이라 할 수 있다. 그러나 통합적 읽기에서 살펴 읽기는 매우 중요한 읽기 기술이다. 주어진 시간에 자신이 원하는 주제에 맞는 자료를 찾아야 하기 때문이다. 통합적 읽기는 다양한 책을 이것저것 장르 가리지 않고 읽는 폭넓은 독서와는 다른 차원의 깊이를 경험할 수 있는 독서법이다.

　통합적 읽기는 먼저 주제를 정하는 것에서부터 시작한다. 주제는 당신의 상황에서 해결해야 할 당면 과제가 될 수도 있고, 개인적인 관심을 두고 깊이 있게 탐구해 보고 싶은 것이 될 수도 있다. 예를 들어 '직장에서 성과를 올리는 법'이나 '좋은 인간관계'가 당신의 키워드라면 그에 맞는 자료를 모으는 것부터가 시작이다. 자료를 수집하기 위해서는 도서관을 찾는 것이 매우 유용하다. 서점은 신간을 살펴보기에는 좋으나, 오랫동안 축적된 자료를 직접 눈으로 찾아보고 손으로 만져 볼 수 있는 곳은 도서관이다. 또 네이버나 구글 등의 포털 사이트를 이용하여 키워드 검색을 하면 훨씬 빠르게 유용한 정보에 접근할 수 있다. 특히 논문은 온라인 국회 도서관 자료실을 이용하면 무료로 내려받아 편리하게 활용할 수 있다. 찾을 때는 장르를 가리지 않고 최대한 많은 자료를 찾아서 책의 제목과 출판사, 저자를 기록해 두고, 논문이나 기타 자료는 나중에 다시 찾아볼 수 있도록 기록해 둔다.

이렇게 찾아진 자료를 빠르게 살펴 읽기를 통해 분석적으로 읽을 가치가 있는지 아닌지를 판단한다. 이때 주의해야 할 점이 있다. 자료를 찾다 보면 당신이 찾고 있는 주제가 아님에도 읽고 싶은 충동이 일어나서 자신도 모르게 깊이 읽기를 하게 될 수도 있다.

그러나 통합적 읽기에서는 당신이 처음 탐구하려고 했던 주제에 집중하며 필요한 자료를 찾는 것이 가장 중요하다. 따라서 찾아진 자료의 주제가 매력적이라 해도 그것에 이끌려서는 안 된다. 당신이 처음부터 찾고자 했던 주제에 집중해야 한다. 찾아진 자료를 읽을 때에도 주제에 맞는 부분을 찾아 그 부분만 주도적으로 읽는다. 이렇게 찾아진 자료의 부분들을 메모하여 다음에 다시 찾을 수 있도록 한다.

통합적 읽기에서는 저자가 책을 통해 말하려고 하는 것보다 당신이 연구하려고 하는 것에 집중하는 것이 더 중요하다. 그리고 자료에 나타난 중요한 개념들을 당신의 탐구 주제에 맞게 창조적으로 받아들이고, 재구성하는 작업이 필요하다. 즉 당신의 어휘로 표현하는 과정이 필요하다. 이때 저자의 주장을 최대한 객관적으로 해석해서 옳고 그름에 관한 판단 없이 중립적인 용어로 표현해야 한다. 이러한 과정에서 당신만의 또 다른 창작물이 만들어진다.

통합적 읽기는 당신의 시각을 독자의 자리에서 저자의 자리로 옮겨 놓는다. 저자들은 자기 책에 스스로 질문하고, 그에 대한 답을 제시한다. 그러므로 당신이 찾은 자료에서 당신이 찾고자 하는 주제와 꼭 맞는 대답을 찾을 수 없을 수도 있다. 하지만 당신이 궁금해하는 주제에 대해 저자라면 어떻게 대답할지를 생각하며 그에 맞는 근거를 책 속에서 찾는 것이다.

주제에 맞는 질문을 던지고 그에 맞는 답을 찾는 과정이 바로 통합적 독서의 과정이다. 이렇게 찾아진 과정을 글로 정리하면 그것이 책이 되고, 논문이 된다. 어쩌면 우리가 책을 읽는 진짜 이유는 자기 목소리가 담긴 책을 쓰기 위함이다. 지금 당신의 심장을 뛰게 하는 주제는 무엇인가? 그 주제에 집중하여 통합적인 독서를 시작해 보자.

추천도서

『갈매기의 꿈』 리처드 바크 | 소담출판사

'모든 이의 내면에 깃든 진정한 갈매기 조나단에게 바칩니다.'라는 책의 헌사에서 알 수 있듯이 자유의 참뜻을 깨닫기 위해 비상을 꿈꾸는 한 마리 갈매기를 통해 인간 삶의 본질을 상징적으로 그린 감동적인 소설이다. 우리에게 눈앞에 보이는 일에만 매달리지 말고 멀리 앞날을 내다볼 것을 격려하며 저마다 마음속에 자신만의 조나단이 있음을 일깨운다.

『생각을 넓혀 주는 독서법』 모티머 J. 애들러, 찰스 반 도렌 | 멘토

독서의 수준을 4단계(기초적인 읽기 - 살펴보기 - 분석하며 읽기 - 통합적인 읽기)로 나누어 올바른 독서법에 대해 설명하고 실용 서적, 문학 서적, 역사 서적, 철학 서적 등 각 분야에 맞는 독서법을 제시한다.

chapter 5

나의 한계를 뛰어넘어
더 성장하라

능동적 독자가 되어 질문하기

　책 읽기에서 가장 중요한 것은, 무슨 책을 얼마나 많이 읽느냐가 아니라 그것을 읽으면서 당신이 어떤 존재가 되어 가느냐이다. 책 읽기를 통해 원하는 나로 살아가기 위해서는 무엇보다 좋은 책을 읽어야 한다. 고대 그리스 의학자 히포크라테스는 '우리가 먹은 것이 곧 우리 자신이 된다.'고 했다. 이는 우리가 읽은 책이 곧 우리 자신이라는 말로 바꿔 볼 수 있겠다.

　정신적으로 성장하고자 하는 목적이 있다면 단순히 호기심을 충족하기 위해 읽는 독서와는 달라야 한다. 책을 통해 어느 곳에서도 얻을 수 없는 귀중한 것을 얻는다는 생각으로 능동적인 독서를 해야 한다. 능동적으로 읽기는 스스로 궁금한 것에 대해 질문하고 답을 찾아가며 읽는 것이다. 기초적인 읽기 수준을 넘어서 성장하기 위해서는 처음 책을 손에 든 순간부터 다 읽고 덮는 순간까지 질문하며 읽어야 한다.

　책을 읽을 때 능동적인 독자가 되어 질문하며 읽으면 글을 좀 더 깊게 이해할 수 있다. 읽으려는 책이 문학이냐 비문학이냐에 따라 달라지겠지만 대체로 독서 전, 중, 후의 질문을 예로 들면 다음과 같다. 먼저 책을 읽기 전에 책의 내용과 제목, 작가에 대해 추측해 본다.

　'이 책은 무엇에 관한 책일까?'

'제목에는 어떤 의미가 있을까?'
'이 책을 쓴 작가는 어떤 사람일까?'
'언제 쓴 책일까?'

간단한 질문과 궁금증을 가지고 읽으면 아무 질문 없이 읽을 때와는 사뭇 다른 경험을 하게 된다. 이 단계에서는 아직 책을 읽지 않은 상태이므로 어디까지나 독자는 추측으로 답을 해 볼 수 있다. 이러한 추측은 배경지식과 경험을 불러오는 효과도 있고, 책을 읽을 때 질문에 대한 답을 찾기 위해 좀 더 집중하며 읽게 된다. 또 작가에 대한 특별한 관심은 책에 대한 애정도 깊게 해 준다.

그리고 질문하면서 읽으면 글의 내용을 기억하는 데도 도움이 된다. 책을 읽는 과정에서 당신이 느끼기에 의미 있는 장면마다 질문하며 읽어 본다. 예를 들어,

'주인공은 왜 그런 선택을 했을까?'
'만약 나라면 어떻게 할 수 있었을까?'
'이 말에는 어떤 의미가 담겨 있을까?'

장마다 떠오르는 대로 궁금한 것을 질문한다. 궁금한 것에 대한 답을 찾으며 읽으면 그냥 읽을 때보다 더욱 집중하게 되어 글의 내용도 오래 기억할 수 있다. 우리는 모두 다른 생각과 경험을 가지고 있기 때문에 같은 책을 읽어도 그 해석이 매우 다양하다. 어떤 책을 읽든 자신의 내면에서 떠오르는 질문을 소중하게 생각하고 그 질문에 충실하여 책을 읽으면 된다.

끝으로 책을 다 읽고 난 다음에도 질문해 보자. 책이 전하고자 하는 주제나 전체적인 내용을 다시 돌아보며 당신의 삶에 적용할 부분을 생각해 볼 수 있다. 예를 들면,

'이 책은 무엇에 관한 책인가?'
'이 책에서 자세히 다루고 있는 내용은 무엇인가?'
'이 책을 읽으며 얻은 것은 무엇인가?'
'내 삶에 적용할 부분은 무엇인가?'

이런 질문을 통해 한 권의 책을 온전히 당신의 것으로 소화 흡수하게 된다. 독서 전과 독서 중에는 질문하는 것만으로도 좋지만, 책을 다 읽고 난 뒤에 하는 질문에는 책의 내용과 자신의 생각을 글로 기록해 보면 좋다. 글에는 특별한 힘이 있어서 생각을 더 깊게 할 수 있게 도와주고, 삶의 변화도 이끌기 때문이다.

어떤 책을 읽든지 질문을 던지고, 스스로 답을 찾아가는 노력이 필요하다. 그동안 해 오지 않던 방식이기 때문에 질문하며 읽는 것을 귀찮은 일로 생각할 수 있다. 특히 분석하며 책을 읽는 것은 아무나 하는 일은 아니라고 말하며 시도하려고도 하지 않을 수 있다. 하지만 하고자 하는 마음만 있다면 누구나 할 수 있다. 책을 읽으면서 떠오르는 질문은 무엇이든지 좋다. 책에 대해 생각하고 질문하고 대답을 찾아 기록하다 보면 책을 읽는 새로운 재미를 느끼게 될 것이다. 그리고 하다 보면 점차 익숙해진다. 이렇게 질문하고 대답하며 읽기는 책뿐 아니라 영화나 광고, SNS를 통해 전해 온 짧은 글에도 적용해 볼 수 있다. 뭐든지 익숙해지면 습관이 되고, 습관

이 되면 의식하지 않아도 저절로 질문하고 대답하며 책을 읽게 된다.

질문하며 읽기를 하면 책의 내용을 관찰, 추론, 기억, 유추, 통합하는 다양한 사고의 과정을 경험하게 되어 사고력과 문제 해결력이 길러진다. 이렇게 능동적으로 마음속에 떠오르는 질문을 던지고 답하다 보면 다른 특별한 노력을 하지 않아도 자연스럽게 능숙한 독자가 될 수 있다. 그러면 동서양의 인문 고전이나 사상서같이 어려운 책도 읽어 낼 힘이 생긴다. 차근차근 질문하고 답을 찾아가는 과정을 경험하다 보면 마침내 그동안은 엄두도 못 내던 글도 소화하게 될 것이다.

: 능동적인 독자의 '질문하며 읽기' 사례

성인 남성 독서 집단에서 함께 읽을 책으로 박범신의 『소금』을 선정한 적이 있다. 인터넷 서점에서 검색을 통해 이 책이 '아버지'를 주제로 다루고 있다는 것을 알 수 있었고 그래서 선정한 작품이다.

책을 읽기 전에 앞뒤 표지를 보며 이 책은 무엇에 관한 책일지 추측해 보았다. 벌거벗은 왜소한 남자가 화려한 꽃다발을 들어 올리고 머리를 숙이고 눈을 감고 있다. 나는 이 모습을 보면서 아버지들의 희생을 막연하게 떠올릴 수 있었다. 또 책표지에 쓰여 있는 '누구나 가슴속에 시인이 살고 있네…. 시인의 친구가 살고 있네.'라는 글을 읽으며, '아버지의 마음속에도 시인이 살고 있다는 건가? 주인공이 시인이 되고 싶었나?' 하는 생각을 했다. 이어서 작가 박범신에 대해 살펴보며 그가 한국을 대표하는 작가 중한 사람이며 『소금』은 데뷔 40년 기념, 40번째 소설이라는 것도 알게 되었다. 아울러 이 소설은 작가의 고향인 논산에서 최초로 쓴 소설이며, 2010년에 쓴 자식의 과외비를 벌기 위해 거리로 내몰린 어머니의 이야기『비즈니스』와 2011년 자본에 은닉된 폭력 문제를 정면으로 기술한 『나의 손은 말굽으로 변하고』에 이어 세 번째로 쓴 자본의 폭력성에 대한 작가의 목소리가 담긴 작품이라는 것을 알게 되었다.

그렇다면 제목 '소금'에는 어떤 의미를 담았을까? 소설을 읽기 전에 '소금' 하면 떠오르는 의미를 생각해 보았다. '부패를 막는, 세상에 없어서는 안 될, 고통의 결정체, 짜고 쓴맛' 등의 단어들을 떠올리며 궁금증을 가지고 첫 장을 열었다. '햇빛 살인'으로 시작되는 호기심을 자극하고도 남을 만한 목차를 보며 좀 더 구체적인 상상을 한 번 해 보고 나서 본격적으로 책을 읽기 시작했다.

책을 읽으면서는 단 한 순간도 온전한 주체로 살아가지 못하는 아버지의 모습을 보며, '왜 그랬을까?', '그럴 수밖에 없었을까?' 하는 질문들이 나올 법도 한데 어쩐 일인지 나는 '그래, 그럴 수 있지.' 하며 읽어 내려가고 있었다. 어느새 내 나이가 책에 나오는 아버지와 같은 성년의 자녀를 둔 나이를 바라보고 있다 보니 자연스럽게 공감하게 된 것 같다. 가족을 등지고 숨어 버린 아버지, 가족에게 노예처럼 피 빨리며 살다가 결국 죽어 버린 아버지의 모습 속에서 그렇게 사셨던, 그리고 비슷한 모습으로 사는 나의 아버지와 남편, 나의 모습을 볼 수 있었다.

책을 거의 다 읽어 갈 무렵 '사람을 살리는 소금을 만들고 싶었다.'고 말하는 시우 아버지의 말에 밑줄을 그었다. 나도 모르게 *표까지 해 두었다. 아버지의 피땀으로 대학을 나온 그는 봉인된 기억 속에서 아버지를 떠올리게 한 반신불수의 사내를 돌보며 아버지를 죽게 만든 그 원죄에서 벗어난다. 비로소 그 끔찍하기만 했던 염전, 소금을 '밥'이라고 생각하던 아버지와 달리, 그는 자신이 빨대 꽂고 살았던 세상을 위해 뭔가 도움이 되는 일을 하고 싶은 소망을 가지게 된다. 온전히 주체적인 인간이 되어 '사람을 살리는 소금'을 만드는 염부가 되기를 자청한 것이다. 한국산 토종 소금을 가지고 남은 생애를 '결판지게 놀아 보고 싶은 꿈'이라고 말하는 대목에서 사회적 역할로서의 인간이 아닌 주체적이고 독립적인 온전한 인간이 갖는 힘을 느낄 수 있었다.

　책을 다 읽은 후 내가 모르는 아버지의 모습에 대한 궁금증이 올라왔다. '아버지는 어떤 분이었을까?' 10만큼의 단물을 주면서 100만큼의 소비 욕구를 획책하고 있는 자본주의의 굴레에서 벗어나 '인간다운 삶을 살기 위해 우리가 집중해야 할 것은 무엇일까?' 하는 문제에 대해서도 생각해 볼 수 있었다. 끝으로 아직도 부모님의 삶에, 남편의 삶에 빨대 꽂고 있는 나의 삶에 대해서도 생각해 보는 시간이 됐다. '주체적이고 독립적인 온전한 인간으로 사람을 살리는 소금과 같은 존재로 사는 것', 내 인생의 화두와 또다시 만날 수 있었던 책이다.

책을 완전하게 소유하는 방법

우리가 어떤 물건을 돈을 주고 사면 그것은 내 것이 된다. 학생들은 모든 물건에 이름을 써서 자기 것임을 표시한다. 옷이나 신발은 새 것이었을 때에는 상점에 있는 여러 개 중 하나일 뿐이지만, 내가 그것을 입고 신다 보면 어느새 나의 체취가 묻고 내 체형과 발 모양에 맞게 변형되어 같은 업체의 똑같은 옷과 신발과 전혀 다른 것처럼 보인다. 굳이 이름을 쓰지 않더라도 내 것임을 알 수 있다.

그런데 책은 대부분 눈으로 한 번 읽고, 책꽂이에 고이 보관한다. 이것은 책이 오랫동안 아무나 소유할 수 없는 특별한 것이었기 때문인 듯하다. 소중한 것이니 귀하게 다루는 것은 당연하다. 책이 귀하던 시절에는 서로 나눠 보고, 돌려보아야 하니 함부로 다루어서는 안 되었다. 하지만 오늘날에는 너무나 쉽게 책을 구할 수 있게 되었다. 누구나 원하는 책을 아침에 주문하면 오후에 택배로 받을 수 있는 시대에 살고 있다. 가격 또한 그 가치에 비하면 저렴하다.

이제 당신의 생각과 감정을 책에 담아서 '세상에 하나뿐인 나의 책'으로 만들어 보자. 책을 보관만 하지 말고 완전히 소유해 보자. 바쁜 시간을 쪼개서 읽은 한 권의 책을 온전히 '나의 책'으로 만들어 놓으면, 언제든 필요할 때 짧은 시간 동안 다시 훑어 읽기만 해도 쉽게 활용할 수 있는 '나만의 비밀 자료'가 된다.

책을 소유한다는 것은 그 내용을 완전히 소화하여 자신의 일부로 만드는 일이다. 방법은 매우 간단하다. 책을 읽으면서 스스로 의미가 있다고 생각되는 부분에 밑줄을 긋고, 여백을 활용해 떠오르는 생각이나 느낌 또는 질문을 메모한다. 그리고 책의 앞뒤 속지를 노트처럼 활용해서 책을 읽으며 떠오른 아이디어를 기록할 수도 있다. 또 읽고 난 뒤 깨달은 것이나 삶에 적용할 수 있는 부분에 대해서도 메모를 해 둔다. 그리고 책의 뒤표지에는 책속에 소개된 도서의 목록이나 색인을 써서 책 속 내용 중에서 중요한 항목을 찾아보기 쉽게 정리해 둔다.

물론 책을 완벽히 다 읽고 난 후에 독서 노트를 쓰거나 컴퓨터를 활용해 차곡차곡 정리하여 개인 자료로 만들어 놓으면 이후에 필요할 때 쉽게 찾아 활용할 수 있다. 그러나 책을 읽는 중에 떠오르는 아이디어와 느낌을 놓치지 않고 기록하기 위해서는 책의 여백을 최대한 활용하는 것이 훨씬 효과적이다. 타인에게 보여 주기 위해 하는 정리와 메모가 아니니만큼 자유롭게 자기만의 스타일대로 하면 된다.

이렇게 책을 읽으며 메모하고 줄을 긋는 활동은 책을 읽는 동안 우리를 깨어 있게 한다. 즉 자각할 수 있게 도와주고, 보다 능동적으로 책을 읽을 수 있게 한다. 생각과 느낌에 어떤 역동을 일으키는 부분이 나오면 줄을 긋고 메모해 보자. 자신의 내면 깊숙이 들어가 자신과 대화할 수 있게 되며 깨어 있음을 경험할 수 있다. 또 책을 읽는 내내 쉬지 않고 생각하게 한다. 사람은 생각하면 말이나 글로 표현할 수 있게 된다. 가끔 책을 읽고 나서도 자기 생각이 뭔지, 작가의 생각이 뭔지 모르겠다고 말하는 사람이 있다. 우리는 모두 생각할 수 있고, 표현할 수 있다. 책을 읽다가 행간을 이용하여 자신의 느낌이나 생각을 적는 것은 저자가 전달하려는 것을 당신의 말로 정리하고 이해하는 데 도움을 준다. 이런 활동은 이후에 글을 쓰거나 책을 쓰는 과정으로 발전하며, 이렇게 정리해 둔 한 권 한 권의 책은 소중한 당신만의 텍스트가 된다.

책을 읽는 것은 저자와의 대화이다. 당신이 관심이 있는 주제에 관해 책을 쓴 저자와 마주 앉아서 대화를 나눈다면 얼마나 즐거운 일이겠는가. 책을 읽을 때도 마치 실제로 만나 대화를 나누듯 저자의 주장에 대해 찬성하는지 반대하는지 표시하고 의문이나 깨달은 것을 메모하며 읽는다면, 그 책을 쓴 저자는 최고의 독자를 만난 것이고 독자인 당신 역시 한 사람의 경험과 지식을 통째로 얻을 수 있으니 행운인 것이다. 이제부터 어떤 책이든 당신의 책으로 다시 태어나게 하자. 책은 그렇게 자기만의 사유의 흔적을 남기며 읽는 것이다.

효과적으로 책에 표시하는 몇 가지 방법

1 밑줄 긋기 요점, 중요하거나 강조하는 문장에 밑줄을 친다.
2 옆줄 긋기 밑줄 친 부분을 강조하거나 줄 칠 부분이 넓을 때 문단의 왼편에 수직으로 줄을 친다.
3 중요 표시(*, ★, ※) 다른 부분보다 특별히 중요한 곳에 표시한다. 때에 따라서는 책장의 한쪽 모서리를 접어 두어도 된다.
4 동그라미 치기 주제어나 중요 문단에 동그라미를 친다.
5 여백에 적기 질문이나 복잡한 이야기를 쉽게 요약하여 자기 나름의 언어로 적어 둔다. 앞표지에는 다 읽고 난 뒤에 책의 내용을 요약하여 적고, 뒤표지에는 색인을 만들거나 참고 도서를 기록하는 것도 좋다.

위에 소개한 방법은 가장 기본적인 표시법이다. 자기만의 독창적인 기호를 만들어 창의적으로 사용한다면 책 읽기의 재미를 더해 줄 것이다. 이렇게 저자와 대화하듯 분석하며 읽은 책이 늘어 갈수록, 당신은 당신이 되고 싶은 '나'에 점점 더 가까이 다가가게 된다.

다양한 장르의 책을 읽어야 하는 이유

　우리 사회의 청년 실업률이 갈수록 높아지고 있다. 취업 준비생 100만 시대라고 한다. 고학력에 엄청난 스펙을 가지고도 취업이 어렵다. 그러다 보니 대학 시절에도 다양한 경험을 통해 자신의 가능성을 탐구하고 타고난 재능을 발견할 기회를 갖지 못한다. 오직 취업 준비에만 집중하다가 졸업을 하고, 다행히 취업한다 해도 직업인이 되어서 그 분야의 일만 하며 살아가게 된다. 그걸로 먹고사는 일이 해결된다.

　사람들은 먹고살기 위해 일한다고 하지만, 결코 먹고사는 일만으로는 행복해지지 않는다. 현대를 살아가는 사람 대부분은 갈수록 심해지는 경쟁에서 이기기 위해 빠르면 초등 시절부터 경주마처럼 앞만 보고 달려 어른이 된다. 설사 주변 사람들과 세상 사람들의 칭찬을 받으며 목표를 이루었다 해도 행복하지 않다. 스트레스와 우울증은 이제 특별한 사람들의 이야기가 아니다. 어린 시절부터 욕구를 마음껏 표현해 보지 못한 채 누군가 정해 놓은 일에만 매달려 살아가는 우리가 거쳐 가야 하는 감기처럼 흔한 질병이 되어 버렸다.

　버트런드 러셀은 '인생의 폭이 협소할수록 우연한 사건이 우리 인생을 마음대로 주무를 수 있다.'고 말하며 폭넓은 관심이 우리의 삶을 튼튼하게 한다고 했다. 그리고 우울증에 빠진 사람들에게 이렇게 충고한다. '세상으로 나가라. 해적도 되어 보고, 보르네오의 왕도 되어 보고, 소련의 노동자도 되어 보라.'고 한다. 즉 자기 안에만 갇혀 있지 말라는 말이다.

현재의 삶을 유지하면서도 폭넓은 경험을 할 수 있게 해 주고, 그 경험이 쌓여 삶을 변화시키고, 더 높은 차원으로 의식을 성장시키며 웬만한 일에는 흔들리지 않는 튼튼한 마음을 갖도록 강화시켜 주는 것으로는 독서가 단연 으뜸이다.

독서를 할 때는 무엇보다 지금 관심 있는 책부터 시작하는 것이 좋다. 스스로 흥미를 느껴야 끝까지 읽을 수 있고, 독서를 통해 얻는 것도 많다. 당신이 속한 직업 분야의 책을 읽는다면 당장 활용할 수 있어서 독서의 가치를 쉽게 느낄 기회가 될 것이다. 하지만 현실의 필요 때문에 독서를 하는 것보다는 당신의 흥미와 내면의 욕구에 귀 기울이며 그 소리에 응답하는 책 읽기를 권한다. 이런 과정이 중요한 까닭은 당신의 흥미를 통해 당신이 진짜 바라는 것이 무엇인지 알려 주는 내면의 욕구를 좀 더 민감하게 알아차릴 수 있기 때문이다.

그러나 당신의 지식과 지혜를 넓힐 수 있고, 다양한 사람들과 사회, 문화를 이해하고 누릴 수 있게 도와주는 폭넓은 주제의 책을 장르를 가리지 않고 읽는 것도 중요하다. 이와 같은 독서는 당신의 내면에 다양한 지식과 정보를 쌓이게 하고, 지혜와 통찰력에 이르게 하는 첫걸음이다. 내면의 그릇을 크게 넓히는 작업이다.

특별히 문학 읽기를 권한다. 문학은 다른 이의 삶을 통해 현실에서는 경험할 수 없는 상황들을 간접 경험하게 하고, 당신의 이야기가 아닌 분명 타인의 이야기임에도 그 속에서 당신의 모습을 보게 한다. 당신이 미처 다독이지 못했던 서러운 감정들, 억울하고 아픈 기억들, 행복했던 순간과 마주하게 한다. 또 주인공들이 살아가는 다양한 모습을 통해서 '어떻게 살아가야 하나?', '나는 누구이며, 무엇을 위해, 어떤 목적으로 살아가고 있나?'에 대해 고민하는 시간을 갖게 한다. 그리고 마침내 남과 다른 독특한 당신만의 개성을 발견할 수 있게 해 준다.

역설적이게도 당신은 개성을 발견함과 동시에 인간의 공통된 정서를 이해하게 될 것이다. 문학을 읽는 동안 고난을 뛰어넘고, 아픔을 이겨 내며, 상처 속에서도 꽃을 피우는 등장인물들의 모습을 보면서 웬만한 실패와 고난은 훌훌 털고 일어날 수 있는 마음의 힘을 갖게 될 것이다. 또 인간의 공통된 감정과 욕구를 이해할 수 있게 된다. 많은 이들이 우리가 행복한 삶을 살아가는 데 가장 큰 영향을 미치는 요인으로 인간관계를 꼽는다. 타인의 감정과 욕구를 이해하고 공감할 수 있다면 더 건강한 인간관계를 만들어 갈 수 있다.

독일의 물리학자 오스트발트(1909년 노벨 물리학상 수상)는 일찍이 '위인이나 성공한 사람의 공통점은 무엇인가?'를 조사하여 두 가지 공통점을 발견했다. 그것은 긍정적 사고와 독서였다. 긍정적 사고는 독서를 성공적으로 해 나가는데 매우 중요한 성품이다. 당신과 다른 가치관과 경험을 가진 책의 내용을 긍정적이고 열린 마음으로 받아들일 수 있어야 독서가 재미있고, 독서를 통한 변화도 쉽게 일어난다. 그러나 부정적인 사고 습관을 지닌 사람이라 할지라도 폭넓은 독서를 하다 보면 다양한 문화와 가치관에 대해 열린 사고를 갖게 되고, 세상의 다양성을 편안하게 받아들일 수 있게 된다.

자신의 업무와 관련된 책을 읽는 것은 지극히 당연한 일이다. 그 외에 당신의 개인적인 관심사와 세상의 변화와 흐름에 따라 생겨나는 호기심을 죽이지 말고 다양한 책을 읽어 보자. 그러면 그 모든 지식이 통합되어 당신만의 독특한 자산으로 재생산될 것이다. 삶이 위기라고 생각될 때일수록 그 시간을 잘 활용하면 인생에서 가장 소중한 시간으로 바뀌기도 한다. 취업이 되지 않고 있거나, 시험에 떨어졌거나, 실직한 그 순간은 일생일대의 휴식과 재충전의 기회가 될 수 있다. 그런 시기야말로 마음껏 책을 읽어볼 기회가 될 수 있기 때문이다.

'지금 여기'에서 내가 할 수 있는 최고의 선택을 하는 것! 그 선택이 나를 기쁘게 하고, 좋은 쪽으로 성장시키며, 마침내 세상에도 도움이 되게 하는 것! 독서가 이 모든 질문에 답을 찾아 줄 수 있다. 지금 당신에게 아무것도 없다 해도 도서관에서 수많은 책이 당신을 기다리고 있다는 걸 잊지 말자. 그 책들과의 황홀한 데이트를 한 번쯤 경험해 보기를 부탁한다.

능력을 넘어서는 좋은 책 읽기

    사람들은 책을 좀 더 잘 읽고 싶어 한다. 평소 책을 많이 읽는 사람일수록 독서에 더 관심이 많다. 현재 자신의 독서가 잘되고 있는지, 현실의 문제와는 동떨어진 책 읽기가 삶에 어떤 도움을 주는지 확신이 없다. 어떤 책을 읽어야 삶이 변하는지도 잘 모른다.

    그래서 남보다 빨리 읽기나 많이 읽기 등 특별한 독서법에 관심을 두기도 한다. 책 읽기를 통해 성장하고 싶어 하는 사람 중 그 시작을 어떻게 해야 할지 모르는 사람이 많다. 그래서 독서 모임에 참여하고, 뒤늦게 글쓰기도 배우고, 책 쓰기도 배우고, 스피치도 배우고 '나'를 넘어서서 새로운 나를 만나고자 애를 쓴다. 그러나 새로운 '나'는 어디 먼 곳에 있는 것이 아니다. 모리스 마테르링크의 소설 『파랑새』에서처럼 지금 여기, 바로 당신 안에 이미 존재해 있다. 다행히 좋은 스승의 도움으로 그걸 알게 된다면 행운이다. 하지만 대부분 그 길이 밖에 있다고 생각하기 때문에 정작 중요한 것은 안에 두고 밖으로만 돌아다니는 꼴이 된다. 아주 오랜 시간을 타인만 바라보다가 지쳐서 허망하게 끝이 나기도 한다.

    독서는 인간을 단기간에 그리고 가장 경제적으로 성장시킬 수 있는 도구임이 틀림없다. 당신이 진정 독서를 통한 성장을 원한다면 당신의 능력 밖에 있는 책, 당신 머리를 넘어서는 책을 읽기를 권한다. 그런 책을 고르는 일은 아주 쉽다. 누구에게 물어도 알 수 없다. 오직 당신 자신과의 정직한 대화를 통해 알 수 있다.

마음속에 떠오르는 키워드를 노트에 적어 본 다음 도서관이나 서점에 가거나 인터넷 서점의 홈페이지를 통해 현재 당신이 가장 궁금해하고 필요로 하는 것이 무엇인지를 검색한다. 검색해서 알게 된 모든 자료를 수집해 보고 그중 당신이 1~2시간 안에 뚝딱 읽어 낼 수 있는 책이나 늘 읽어 오던 수준의 책은 제외한다. 그런 책들은 아무리 읽어도 독서 실력이 늘지 않는다. 내적 성장 또한 일어나지 않는다. 그저 잠깐의 위안을 줄 뿐이다.

조금 어려워 보이는 책, 그동안 접해 보지 못했지만 관심이 가는 주제를 담고 있는 책, 이미 돌아가신 분의 책이지만 여전히 현존하는 책, 누군가 훌륭한 사람에게 영향을 미친 책, 그런 책을 골라 읽어 보자. 아무리 책을 많이 읽은 사람일지라도 누구에게나 자신의 현재 능력을 넘어서는 책이 있기 마련이다. 또 아무리 어려운 책이라 해도 앞서 제시한 살펴 읽고, 분석하며 읽고, 요약하는 활동을 통해 이해 못 할 책은 없다. 다만 시간이 좀 걸릴 뿐이다.

하루면 읽을 수 있는 책만 읽다가 한 달에 걸쳐 읽어야 하는 책을 읽게 된다면 포기하고 싶을 수도 있다. 그렇지만 단언컨대 당신에게 긴장감을 주는 책을 한 달 동안 몰입하여 읽는 경험은 늘 비슷한 수준의 책을 한 달에 30권 읽는 것과는 또 다른 만족과 기쁨을 줄 것이다. 한 번이라도 경험해 보면 이 기쁨을 알 수 있다. 그 희열을 몸으로 직접 체험해 보길 바란다. 이런 체험은 이후의 독서를 바꿔 놓는다.

힘들여 읽은 책이 늘어 갈수록 당신은 더 잘 읽는 독자가 된다. 잘 읽는다는 것은 빨리 읽는다는 것이 아니다. 책 속에 숨겨진 행간의 의미를 알고 통찰에 이르는 경험을 자주 하게 된다는 것이다. 이런 이점이 없다면 무엇 때문에 책을 읽겠는가.

　지식정보화 시대에 사는 우리는 이제 시간이 오래 걸리는 지루한 독서를 통하지 않더라도 얼마든지 손쉽게 필요한 지식과 정보를 손에 넣을 수 있다. 이제 독서는 좀 더 특별한 활동이 되어야 한다. 독서는 단지 지식과 정보를 얻기 위한 활동이 아니다. 좋은 책은 세상에 대한 지식은 물론이고, 당신 자신에 대해서도 배울 수 있게 해 준다. 우리가 책을 읽는 이유는 결국 인생의 진리를 깨닫기 위함이다. 그래서 소중한 시간을 귀하게 채울 좋은 책을 읽어야 한다.

　좋은 책은 읽을 때마다 새로운 지혜를 만날 수 있도록 안내하는 책이다. 당신이 육체적, 정신적으로 성장하는 동안 책도 함께 성장한 듯 매번 펼쳐 볼 때마다 새로운 진리와 깨우침을 주는 그런 책들이 있다. 내게는 『데미안』이나 『갈매기의 꿈』이 그렇다. 유년의 추억을 고스란히 담고 있으면서도 나의 성장 시기마다 매번 다시 읽으면 또 다른 깨우침과 가르침을 주는 책이다. 아직 그런 책을 만나지 못했다면 곧 만나게 되길 바란다.

　당신의 서가에도 인생의 소중한 순간을 함께 견뎌 낸 친구 같은 책, 삶의 지혜가 필요했던 순간에 골수를 쪼개듯 강한 깨우침을 준 스승 같은 책, 울고 싶은 날 맘껏 울 수 있도록 따뜻하게 감싸안아 주던 엄마 같은 책, 행복한 날들을 함께 했던 추억이 담긴 소중한 책들이 차곡차곡 쌓이길 바란다. 그런 책들과 함께하는 시간 속에서 당신이 그토록 만나길 원하던 소중한 '나'를 만나게 될 것 이다.

함께 읽기로 더 큰 세상을 배운다

　　1945년 제2차 세계대전이 끝나고 미국에서는 전쟁에서 돌아온 군인들과 그 가족들을 대상으로 그들의 정신적 상처를 보듬어 치유하고 새 삶에 적응할 수 있도록 도울 목적으로 소규모 독서 모임이 시작된다. 그 시작은 1947년 시카고대학 총장 로버트 메이나드 허친스와 그의 동료 철학자이자 『생각을 넓혀 주는 독서법』의 저자 모티머 J. 애들러가 주창한 '그레이트 북 프로그램(The Great Book Program)'이다. 그들은 어렵고 힘든 시기를 '위대한 대화'에 초점을 맞춰 함께 나눔으로써 극복하고 이겨 내려 했다. 이 프로그램은 당시 미국 사회에 큰 반향을 일으켰고 현재까지도 그 명맥을 이어 가고 있다.

　　최근 우리나라에도 성인들의 자발적인 독서 모임과 유료로 운영되는 독서토론 모임이 많이 생겨나고 있다. 이 역시 어려운 시기를 책 읽기로 극복하고자 하는 마음이 일부 반영된 것이라는 생각이 든다. 사람마다 선호하는 책 읽기 방식은 다르다. 읽고 싶은 책을 마음대로 선택하여 읽는 것을 좋아하는 사람도 있고, 한 권의 책을 선정하여 함께 읽는 것을 좋아하는 사람도 있다. 그런데 독서에서 가장 중요한 것은 그 모임의 형식이야 어찌 됐든 스스로 책을 읽는 것이다.

　　함께 읽기를 하더라도 1단계는 '혼자서 읽기'이다. 책 읽기를 혼자서 하든 여럿이 모여서 하든 가장 중요한 것은 작가와 텍스트 그리고 책을 읽는 독자인 '나'의 만남이다. 홀로 책과 직면하는 시간이 반드시 필요하다. 독서에서 가장 중요한 것은 지식의 습득이 아닌, 읽는 동안 일어나는 감정과 생각의 변화이다. 그것이 아니라면 무엇 때문에 그 긴 시간을 책과 씨름하겠는가. 함께 나누기 전에 책을 읽는 동안 나에게 어떤 통찰이 있었는지가 중요하다.

함께 읽기의 2단계는 '함께 나누기'이다. 함께 읽기에는 홀로 읽기와는 다른 장점이 있다. 함께 나누기를 하면 다른 사람들에게 잘 전달하기 위해서 읽은 책을 한 번 더 집중하여 생각하게 된다. 또 나누는 활동 자체가 책을 활용하는 과정이 되어 그것만으로도 삶의 활력을 얻고, 개인적인 성장을 가져온다.

그리고 읽은 책을 함께 나누는 동안 내 생각과는 다른 생각이 있음을 배운다. 서로 다른 것이 문제 될 것도 없고, 서로 달라서 더 좋은 것도 아닌 그냥 다를 뿐이라는 것을 알게 된다. 그리고 다양한 사람들과 개인적인 통찰을 깊이 나누다 보면 서로 연결된다는 것이 무엇인지 알게 된다. 존중받고 존중하는 것이 어떤 것인지 자연스럽게 알게 된다. 생각을 나누는 가운데 혼자서는 이해할 수 없었던 부분에 대해서 도움을 받을 수 있고, 더 깊고 넓은 통찰을 경험할 수 있다.

모임이 깊어지면서 서로 이야기를 주고받게 되면 긍정적인 행동의 변화와 삶의 변화로 이어질 수 있다. 그동안 잘 알지 못했던 자신의 장점이나 단점을 신뢰 있는 집단 안에서 알아 갈 수 있다. 혼자서는 접하지 않던 분야의 책도 함께하니 읽게 되고 더 깊이 이해할 수 있다. 이렇듯 함께 읽기는 책뿐 아니라 사람을 읽고 배우는 공부가 된다. 관계를 맺고, 깊이 연결되는 공부는 다른 곳에서는 체험하기 어려운 경험이다. 이 시간은 서로 존중하고 존중받는 분위기 속에서 존재의 가치를 재발견하는 시간이 된다.

함께 읽기는 '나'와 '너'의 만남이다. 그 안에는 '나'와 '너'가 반드시 있어야 한다. '나'만 있어도 안 되고, '너'만 있어도 안 된다. 스스로 '나'의 주인이 아직 아닌 사람들은 어떤 책을 읽어도 그 안에서 '나'를 보지 못한다. 오직 '너'만을 본다. 그러다 보니 성찰은 없고, 비판과 평가만 있다. 그래서 누군가와 함께 글을 읽고 나누기 전에 우리는 먼저 '나' 자신이 되어야 한다.

함께 읽기는 참 좋다. 여럿이 있는 가운데 나를 드러내는 경험을 할 수 있다. 내가 주인공이 되는 경험이다. 모든 것이 다른 '너'와 '나'가 만나 있는 그대로 그저 동등하고 평등하게 서로 바라보게 하는 경험이다. 책과 그 책을 읽은 다양한 빛깔의 사람들이 만나서 이뤄 내는 역동은 다른 어떤 모임에서는 경험하기 어려운 일체감을 준다. 분명 책 이야기로 시작했는데 어느덧 '나'와 '너'의 이야기로 마무리되는 묘한 경험 속에서 우리는 원래 하나였음을 깨닫게 된다. 시간이 지나갈수록 가슴속에 사랑과 연민이 커져서 밖으로 새어 나온다. '그냥 바라만 보아도 좋은 만남도 있구나. 서로 생각이 이렇게 다를 수도 있구나. 달라도 좋은 거구나. 분명 다른 경험을 이야기했는데 그 밑에 깔린 우리의 정서와 욕구는 같은 것을 원하는구나.' 하는 것을 알아차리는 통찰의 시간이 된다.

때론 함께 읽기에 참가하는 사람 중에 책을 온전히 이해하지 못했음을 걱정하는 사람들을 본다. 사람들 앞에서 제대로 말하지 못하면 어쩌나 하고 걱정하기도 한다. 하지만 걱정할 것 없다. 함께 읽고 나누기에서는 책 내용을 완전히 이해하고 분석하여 말하기보다는 텍스트를 자기만의 경험과 시각으로 어떻게 받아들이고, 어떻게 해석했는지가 중요하다. 어떤 것의 옳고 그름을 두고 논쟁하기보다는 서로 다른 빛깔을 드러내고, 그 빛깔에서 풍겨 나오는 향기를 그저 '아, 그렇구나.' 하고 음미하는 시간으로 만드는 것이 바람직한 독서 모임의 모습이다.

이러한 방식은 어떤 안건에 대해 찬성 혹은 반대로 나누어 토론하는 것보다 한 차원 높은 사고를 경험하게 한다. '나'의 방법과 '너'의 방법을 모두 인정하는 가운데 새로운 방법들을 떠올리게 되어 그 누구의 것도 아닌 또 다른 방법이 창출된다. 어떤 문제를 해결하는 방법은 한 가지 혹은 두 가지가 아닌 백 가지, 천 가지 방법이 있음을 직접 경험하게 된다.

'함께 읽고 나누는 독서 모임의 진행 팁'을 활용하여 마음이 통하는 사람들(친구, 동료, 가족 등)과 한 달에 한 번 혹은 두 달에 한 번 독서 모임을 한다면 삶의 또 다른 기쁨을 경험하게 될 것이다.

: 함께 읽고 나누는 독서 모임의 진행 팁

하나, 시작할 때는 자기소개 시간을 마련한다. 간단한 소개로도 우리는 겉모습으로는 알 수 없는 내면을 엿볼 수 있고, 좀 더 쉽게 연결될 수 있다.

둘, 그날의 텍스트를 나누고 이해하는 시간을 가진다. 참가자 중 한두 명이 혼자 읽기를 하며 요약해 온 것을 읽고 나눈다. 이 시간은 참여자들이 책의 내용을 다시 한 번 떠올릴 수 있게 도와주며, 책을 다 못 읽은 사람에게도 도움이 된다. 짧은 텍스트는 당일에 함께 돌아가며 읽는 것도 좋다. 서로의 숨겨진 역량을 목소리를 통해 알 수 있는 재미있는 경험이 된다.

셋, 진행자는 책에 대한 좋은 발문을 생각하여 항상 질문으로 시작한다.
질문의 예
1) 책을 읽으며 가장 인상적이었던 것은 무엇인가요?

그것과 관련된 경험은 어떤 것이 있을까요?

2) 책을 읽으며 궁금했던 것은 무엇인가요?

3) 이 책에서 가장 중요하다고 생각되는 것은 무엇인가요?

4) 작가가 책을 통해 하고 싶은 말은 무엇일까요?

5) 당신이 작가라면(혹은 주인공이라면) 어떻게 했을까요?

넷, 책의 서평이나 문학 비평 정도는 참고할 수 있지만, 오직 책의 본문에만 근거하여 이야기를 나누어야 한다. 그렇지 않으면 주제가 분산되고 논쟁이 일어날 가능성이 높다.

다섯, 함께 나누기를 마칠 때는 잠시 개인의 생각을 글로 쓰는 시간을 갖고 나눈다. 이 활동은 번거롭게 생각될 수도 있다. 그러나 함께 나누는 동안 일어난 생각의 변화와 통찰을 정리하고 나눔으로써 각자의 삶에 적용해 보는 힘을 갖는 소중한 시간이 된다.

여섯, 모든 과정 중에서 나오는 의견에 대해 누구도 옳고 그름을 판단할 수 없으며, 자신과 상반된 의견도 모두 들어야 한다. 그리고 '아, 그렇구나!' 하며 있는 그대로를 인정하고 그 다양성을 받아들인다. 이것은 참가자들 모두에게 서로의 다양성을 받아들이고, 마음의 그릇을 넓히는 소중한 체험이 된다. 서로에 대한 연민과 자비심을 강화시키는 매우 중요한 규칙이다. 또한, 창의적인 발상을 무한으로 창조해 낼 수 있는 토론 방법이다.

책 쓰기, 그 시작을 위한 질문

"우리가 책을 읽는 이유는 책을 쓰기 위해서입니다."

언젠가 유튜브 동영상에서 유시민 씨의 인터뷰를 보았다. 그가 이 말을 하는데 나는 머리를 한 대 얻어맞은 듯 "아! 그렇구나!" 하며 깨달음을 얻었다. 나는 그때까지 막연하게 책을 쓰는 사람과 읽는 사람을 분류해 놓고 있었던 것이다. 물론 세상이 달라졌다는 것은 알고 있었다. 누구나 삶의 역경을 이겨 낸 자신의 이야기나 전문 분야의 경험을 정리하여 책으로 내놓는 세상이 되었다는 것을 머리로는 알고 있었지만, '내가 책을 쓸 수 있겠구나.' 아니 '나도 책을 써야 하는 거구나.' 하는 생각은 미처 해 보지 못하고 살았다. 그런데 그의 말을 듣고 책 읽는 인간으로서의 의무감을 처음으로 느꼈다.

결론부터 말하면 우리는 모두 빚진 사람들이다. 우리보다 먼저 치열한 삶을 살았던 이들의 지식과 지혜를 공급받으며 여기까지 왔으니 말이다. 지금 이 순간에도 여전히 원하기만 하면 우리는 뭐든 다 얻을 수 있다. 책을 통해 자신들이 애써 깨달은 지식과 지혜를 전해 주는 작가들 덕분이다. 이제 당신이 당신의 경험과 지식을 나눌 차례이다.

어쩌면 당신은 지금 당장 나눌 것이 없는 힘겨운 상황에 있다고 생각하고 있을지도 모르겠다. 스스로 감당하기 어려운 힘든 상황에 있는 사람일지라도 글을 씀으로써 현실을 극복할 수 있다. 글쓰기에는 현실을 직면하게 하고 객관화시켜 바라보게 하는 힘이 있다. 글을 쓰면서 자신의 한계를 경험하게 되고 그동안 잘 알고 있다고 믿었던 것들에 대해 다시 생각하게 된다. 자신의 한계를 경험한 인간은 성장한다. 우리는 '나는 모른다.' 하고 인정할 수 있을 때에만 비로소 배울 수 있기 때문이다. 책 쓰기는 진정한 배움으로 나갈 수 있게 해 주는 관문과도 같다.

책을 쓰는 동안 자신의 내면과 수많은 대화를 나누게 된다. 비로소 자신이 이 세상에 태어난 목적과 의미에 대해 질문하게 된다. 책을 쓰기로 마음먹는 순간, 책 읽는 방식이 달라진다. 그저 기분 가는 대로 읽던 방식에서 벗어나 목적이 있는 독서를 하게 된다. 몇 달 혹은 몇 년간 관심 분야를 스스로 공부하여 지식과 지혜를 얻는 것이 어떤 것인지 경험을 통해 그 맛을 알게 된다. 이제껏 한 번도 경험해 보지 못한 몰입을 경험하게 된다.

읽고, 쓰고, 생각하는 일은 인간만이 누리는 특권이자 행복이다. 그러나 우리 대부분은 그 특권을 누리지 못하고 있다. 책 쓰기는 누구에게나 열려 있다. 이제 누구든 마음만 먹으면 책을 펴낼 수 있다. 그러나 극소수의 인간만이 책 쓰기의 힘을 안다. 그중 일부가 실행하고, 실행한 이들 중 일부가 책 쓰기에 성공한다.

삶이 힘겹다는 소리를 여기저기서 많이 듣는다. 어떻게 살아가야 할지 몰라 절망하는 사람들도 많이 본다. 만약 당신의 삶이 지금 힘겹다면 망설이지 말고 써라. 종이와 연필 혹은 낡은 컴퓨터만 있으면 시작할 수 있다. 책 쓰기는 살면서 한 번도 경험해 보지 못했던 세계로 당신을 안내할 것이다. 누구나 한 권의 책은 쓸 수 있다.

'인간은 상황의 노예도 아니고 운명의 허수아비도 아니라고 나는 믿는다. 상황에 굴복할지 상황에 맞설지를 결정하는 주체는 어디까지나 인간이다. 인간에게는 세상을 바꿀 수 있는 의지가 있고 스스로를 바꿀 수 있는 힘이 있다.'

빅터 E. 프랑클, 『죽음의 수용소에서』

현실의 삶이 어렵다 해도 왜 살아야 하는지 아는 사람은 어떤 상황에서도 버틸 수 있다. 하지만 삶의 의미를 놓치면 바로 무너져 버리고 마는 것이 인간이다. 스스로 선택한 삶의 의미와 목적만 있다면, 인간은 고통 속에서도 기쁨을 느끼는 존재다. 제2차 세계대전 중 아우슈비츠 수용소에서 살아남은 빅터 E. 프랑클 박사는 2년 반이라는 긴 시간 동안 인간 이하의 취급을 받으면서도 살고자 하는 의지로 마침내 살아남았다. 그리고 자신의 경험을 바탕으로 로고테라피(의미치료)라는 새로운 심리치료법을 창시했다.

당신이 지금 어쩔 수 없는 고통 속에 있다 해도 당신이 어떤 사람이 될 것인지 스스로 결정할 수 있는 선택의 자유가 있었다. 고결한 사람이 되느냐, 인간의 존엄을 잃고 짐승같이 되느냐는 당신의 선택에 달려 있다. 빅터 E. 프랑클 박사가 아우슈비츠의 혹독한 생활을 견딜 수 있었던 것은 그가 글을 쓰고 있었기에 가능했다. 글쓰기로 고통의 시간을 견뎌 냈고, 그 경험을 통해 마침내 위대한 승리를 거둔 것이다.

책 쓰기는 더 크고, 깊고, 넓게 세상 속에 당신을 우뚝 세우는 훌륭한 도구가 될 것이다. 작가가 된 당신은 이제 사물을 더 자세히 관찰하게 될 것이고, 사람들과 더 깊이 만나게 될 것이다. 그리고 어떤 책을 읽고, 어떤 경험을 해도 이전과는 다른 관점으로 좀 더 깊이 감상하는 당신을 발견하게 될 것이다. 세상에서 자기 목소리를 내기 시작 할 것이다. 자신이 옳다고 생각하는 가치를 책으로 말하는 것이다.

이제는 타인의 눈치를 보지 않고, 세상을 자기만의 시선과 가치관으로 해석해도 된다. 당신은 작가이기 때문이다. 그뿐만 아니라 자기 삶의 진정한 주인이 되는 것이다. 자신의 말과 글, 행동을 책임질 줄 아는 진짜 어른이 되는 것이다. 마침내 그동안 자기 자신이라고 생각했던 한계를 뛰어넘어 세상에 도움이 되는 지식 생산자가 되는 것이다.

: 책 쓰기, 그 시작을 위한 TIP

1 당신이 가장 잘하고, 관심 있는 일은 무엇인가?

2 당신이 살아오면서 가장 큰 성과를 거둔 일은 무엇인가?

3 지금 당신을 설레게 하는 일은 무엇인가?

4 당신은 무엇을 하기 위해 이 세상에 왔는가?

5 당신이 책을 통해 전하고 싶은 메시지는 무엇인가?

6 당신이 쓰려고 하는 책은 누구를 위한 책인가?

7 당신의 책에서만 볼 수 있는 새로운 가치는 무엇인가?

8 당신이 쓰려는 내용은 지금 시기에 적절하다고 생각하나?

9 당신 책의 콘셉트를 한마디로 말한다면 무엇인가?

10 사람들이 당신의 책을 사야 하는 이유는 무엇인가?

질문에 답을 해 보는 것만으로도 당신의 독서 생활은 크게 달라질 것이다. 열심히 읽고, 누구보다 치열하게 살아온 당신, 이제 당신이 책을 쓸 차례이다.

chapter 6

인생을 바꿀
한 권의 책을 만나라

목적이 있는 책 읽기는 무엇이 다른가

　지구로부터 2억 Km 떨어진 화성, 가진 것은 31일 치의 식량, 생존을 위한 식량과 물이 절대적으로 부족한 상황이다. 모래언덕 속에 묻혀 의식을 잃고 있던 한 사나이가 모래를 털고 일어선다. 그의 이름은 마크 와트니, 인류 최초의 화성 유인탐사선 '아레스 3호'의 우주비행사다. 화성 탐사 18일째 되는 날 거대한 모래 폭풍을 만나 사고를 당하는 바람에 상처를 입고 모래에 파묻혔다. 그가 죽은 줄 안 동료들은 떠났고, 통신이 끊긴 채 홀로 화성에 남겨졌다. 영화 〈마션〉의 한 장면이다. 이런 심각한 상황에도 그는 이렇게 말한다.

　"난 살아 있다. NASA와 연결할 방법을 찾고 있다. 연결된다고 해도 구조가 되려면 4년이 걸린다. 내가 할 수 있는 선택은 단 하나, 내 과학 지식을 총동원해 살아남는 것이다. 좋아! 해 보는 거야. 아무것도 자라지 않는 이곳에서 4년 치의 식량을 재배해야 해. 난 이곳에서 죽지 않아."

　와트니는 '반드시 돌아갈 것이다.'라는 목표 아래 당면한 엄청난 문제에 매몰되지 않고 문제를 하나씩 해결해 나간다. 우여곡절 끝에 지구로 돌아온 그는 NASA의 새내기 우주비행사들을 교육하는 교관이 되어 이렇게 말한다.

　"여긴 우주야. 뜻대로 되는 게 아무것도 없지. 내가 분명히 말하지만, 어느 순간 모든 게 틀어지고 '이제 끝이구나.' 이렇게 말하는 순간이 닥칠 거야. 포기하고 죽을 게 아니라면 살려고 노력해야지."

비극적인 상황 속에서도 할 수 있는 최선을 다하고, 유머를 잃지 않는 와트니의 모습에서 나는 목적과 목표가 확실한 사람의 모습을 본다. 목적과 목표가 확실한 사람은 상황이 아무리 어려워져도 흔들리지 않는다. 목표가 없는 사람은 문제를 실제보다 더 크게 느낀다. 그래서 우왕좌왕하다가 망쳐 버린다. 목표가 없는 사람 중에는 여러 개의 목표 속에서 자신이 진정으로 원하는 목표를 정하지 못하고 방황하는 사람들이 많다. 예를 들면 영어를 잘하고 싶다. 그런데 공부하기는 싫다. 살을 빼고 싶다. 하지만 치킨을 포기할 수는 없다. 이처럼 늘 두세 가지의 목표가 마음속에서 서로 싸운다. 결과는 좋은 성취를 이루지 못하고, 나쁜 건강과 불행이 있을 뿐이다.

하지만 확실한 목표를 가진 사람들은 다르다. 그들은 상황이 아무리 어렵고 힘들더라도 해결책을 생각한다. "내가 할 수 있는 선택은 단 하나, 내 과학 지식을 총동원해 살아남는 것이다."라고 말하는 마크 와트니처럼 말이다. 그가 희망이라고는 찾아보기 힘든 혹독한 상황 속에서도 유머를 잃지 않을 수 있었던 까닭은 그에게 확실한 목표가 있었기 때문일 것이다.

좋은 목표는 사람을 돕는다. 누구나 이런 경험을 할 수 있다. 어떤 목표를 생각할 때 가슴이 뛰고, 나도 모르게 미소가 번지며 신이 났던 적이 있을 것이다. 자신에게 도움이 되는 확실한 목표를 간직하면 그 사람에게는 특별한 에너지가 생긴다. 그래서 어려운 상황일지라도 목표를 실행하는 데 필요한 지식과 정보, 사람과 여건 등이 마련된다.

당신을 행복하게 해 주는 어떤 목표에 맞는 책을 찾아 읽는다면, 이전과는 확실히 다른 책 읽기가 될 것이다. 목표를 가진 사람은 자신의 목표를 이루는 데 필요한 책을 발견할 수 있게 되고, 책을 읽는 과정에서 자신에게 꼭 맞는 내용을 발견하는 경험을 하게 된다. 이때 우리는 독서를 통해 급속히 성장한다.

좀 더 구체적으로 예를 들어 만약 당신이 '독서법'에 대해 관심이 생겨서 '나에게 꼭 맞는 독서법을 알고 싶다.'는 목표가 있다면 우선 서점이나 도서관에서 독서법 관련 책을 찾거나 네이버와 인터넷 서점 검색을 통해 당신을 끌어당기는 책들을 찾는다. 그리고 그 중 몇 권을 훑어 읽기로 읽어 보자.

이런 과정에서 자신의 목표에 꼭 들어맞는 책을 찾게 된다. 그리고 그 책을 읽으면서 자신에게 필요한 좀 더 구체적인 방법들을 발견하게 된다. 설사 어렵고 지루한 책을 읽어 내야 할 경우에도 목적과 목표가 확실하다면 이겨 낼 수 있다. 이렇게 자신의 목표에 꼭 맞는 해결책을 발견해 나가는 과정에서 당신은 점점 발전할 것이다. 그리고 더 큰 목표에 도전할 수 있을 정도로 성장할 수 있게 된다.

당신에게 꼭 이루고 싶은 꿈이 있다면, 그것만 생각하면 웃음이 나고 힘이 나고 기쁨이 넘친다면, 그건 분명 당신에게 꼭 맞는 목표이자 꿈이다. 당신이 그 꿈을 이루어 가는 여정 속에서 책 읽기는 다른 어떤 것보다 훌륭한 동반자가 되어 줄 것이다.

인생을 바꾸는 책을 만나는 방법

　"당신의 인생에서 의미 있는 변화를 하게 해 준 한 권의 책을 꼽는다면?" 이 질문에 떠오르는 책이 있는가? 책을 즐겨 읽다 보면 의도하지 않은 순간에 우연히 다가와 삶에 변화를 가져다주는 책을 만나게 된다. 책은 자존감이 무너진 사람들에게 진정한 자아를 발견하게 도와주기도 하고, 상처 입은 마음에 치유자가 되기도 한다. 무엇을 하며 살아가야 할지 모르는 사람에게 꿈을 보여 주고 그 꿈의 길에서 멋지게 성공하고 있는 멘토들을 소개해 준다. 그리고 꿈을 실현하기 위해서 어떻게 나가야 하는지도 알려 준다.

　마이크로소프트사가 극찬한 MP3 플레이어 '아이리버H10' 모델과 LG, 삼성의 휴대폰 디자인, 세 발 달린 가스버너 등을 디자인한 세계적인 산업 디자인 구루 김영세 이노디자인 대표는 열여섯 살 중학교 시절에 만난 책 한 권이 자신의 운명을 바꿨다고 말한다.

　김영세 대표는 어려서부터 그림 그리기를 좋아했지만, 화가가 되고 싶은 꿈은 없었다. 하지만 자신이 '더 신나고 즐거운, 뭔가 새로운 것을 만들어 내는 일'을 좋아한다는 것을 어렴풋이 알고 있었다. 그러다 중학교 3학년 때 친구의 집에 갔다가 우연히 서재에 꽂혀 있는 책 중 『I.D.』라는 미국의 디자인 전문 잡지를 보게 되었다. 아무 생각 없이 넘기며 보던 잡지 속에서 우리가 사용하는 일상 용품들이 놀랍고도 기발한 아이디어를 입고 새롭게 디자인된 모습으로 그려져 있는 것을 본다. 운명을 바꾼 책과의 만남을 그는 이렇게 묘사한다.

'한 장 한 장 별생각 없이 넘겨 보던 손과 눈에 서서히 힘이 들어가기 시작했다. 그러다 어느 순간 머리가 아득해지면서 심장이 쿵쾅거리고 목구멍으로 뭔가 차오르는 느낌이 들었다. (중략) 그래, 맞아! 이게 바로 내가 원하던 일이고, 앞으로 내가 할 일이야! 디자인이라는 과정을 통해 만들어진 물건이 이렇게 사람을 즐겁고 유쾌하게 할 수 있다니! 첫 대면에서 나는 디자인 작업에 완전히 매혹되었다. 내 삶의 방향을 설정해 준 그때의 감동과 기쁨이 아직도 생생하다.'

김영세, 『내 인생을 바꾼 한 권의 책』(리더스북)

이후 그는 부모의 반대에도 굽히지 않고 디자인에 대한 열정을 불태우며 서울대 응용미술학과에 진학하고 오늘날 세계적인 산업 디자이너가 되었다. 어떤 책은 이렇게 불같이 뜨겁게 한 사람의 삶을 송두리째 바꾸기도 한다.

책을 통해 지지받고 힘을 얻어 인생 2막을 성공적으로 살아가며 시대의 리더가 된 또 한 명의 사람이 있다. '공병호 경영 연구소' 공병호 소장이다. 그는 2001년 6월, 13년의 조직 생활을 접고 새로운 길을 찾아 나서야 했다. 실업 상태가 된 것이다. 다시 취직해서 10년~20년을 조직 생활을 한다면 어떨까 하고 그 이후 자신의 모습을 상상해 보았다. 그는 결국 스스로 삶을 일구는 지식사업가의 길을 가기로 한다. 그해 10월 노트북과 팩스를 구입하고 서재에서 직접 전화를 받으며 1인 기업가의 삶을 시작한다. 12월 그의 첫 책『공병호의 자기경영 노트』가 출간되었다. 강연을 다니며 실직으로 넘어진 자신의 삶을 다시 세우고 있을 즈음, 그는 찰스 핸디의『코끼리와 벼룩』이란 책을 만난다. 그 책은 세계적인 경제평론가 찰스 핸디가 고용 문화의 변화를 몸소 체득하면서 쓴 인생회고록(자서전)이다. 공병호 소장이 발견한 이 책의 핵심은 '20세기 고용 문화의 큰 기둥이었던 대기업, 그 코끼리들의 세계에서 벗어나 이제 벼룩처럼 저 혼자 힘으로 살아가야 한다.'는 것이었다. 여기서 벼룩은 프리랜서를 가리킨다. 홀로서기를 시작한 후 늘 염려의 소리를 들어야 했던 그에게 찾아온 이 책은 "당신의 선택은 올바른 것입니다." 하고 말해 주는 것 같았다. 그보다 28살이나 많은 찰스 핸디의 이야기는 당시 그의 상황과 거의 같았다.

자신이 가고자 하는 길을 성공적으로 먼저 걸어간 사람을 책 속에서 만나자 공 소장은 세계적인 경제전문가에게 직접 격려받는 느낌을 받았고, 자기 일에 대해서도 확신할 수 있었다. 이후 그는 책을 읽고 글을 쓰며 강연하는 삶을 통해 많은 이들에게 새로운 삶의 모델이 되고 있다. 그리고 14년이 지난 지금, 찰스 핸디처럼 그 역시 누군가에게 "당신의 선택은 올바른 것입니다." 하고 희망과 격려를 전해 주는 자리에 앉게 되었다. 그 누군가는 바로 나다.

나 역시 한 마리의 '벼룩'으로 내가 가진 재능과 경험이 나의 미래를 밝혀 줄 것이라는 믿음 하나로 1인 기업가의 삶을 살아가고 있다. 나는 한 마리 벼룩이지만 자유롭고 행복하다. 나는 읽고, 쓰고, 나누는 일을 통해 세상을 좀 더 살기 좋게 변화시키고자 하고, 이 일을 하고 있을 때 그 어느 때보다 기쁨을 느낀다. 공병호 소장이 한 권의 책을 통해 인생 2막을 시작하는 데 든든한 지원군을 얻었던 것처럼, 나 역시 공병호 소장을 통해 찰스 핸디라는 또 한 명의 멘토를 소개받는다. "삶을 스스로 형성하고 우리 자신을 스스로 규제하는 기회는 그 어느 때보다도 많다. 이제 인생은 길어졌다. 평생 세 가지 형태의 삶을 살 수가 있게 되었다. 그런 형태 중 하나가 바로 벼룩의 삶이다. 나는 지금까지 겪어 온 여러 형태의 삶 중 그것이 가장 좋은 삶이라는 것을 발견했다."는 찰스 핸디의 말에서 인생 2막을 창조적 지식사업가로 살아가기로 한 나는 힘을 얻는다.

이렇게 책은 우리가 어떤 순간에 있든지 우리 삶에 다가와 용기와 위로를 주고, 스스로 성장할 수 있도록 길을 보여 준다. 당신의 인생을 바꾸는 한 권의 책을 만나길 원한다면, 지금 책을 읽어라.

멘토를 찾아 성공을 모방하라

　진정으로 자신이 하고 싶은 일을 찾았다면 이제 그 길을 먼저 걸어간 멘토를 찾아야 한다. 물론 자기 방식대로 해 나가는 것도 좋지만 앞서 공병호 소장의 경우에서 보았듯이 자신이 가고자 하는 길을 성공적으로 먼저 걸어갔던 누군가가 있다는 것은 힘이 된다. 자기계발서는 이럴 때 필요한 책이다. 자기계발서는 실용적인 책이다. 한마디로 지금 당장 당신을 행동하게 할 수 있는 요소가 담긴 책이라고 할 수 있다. 한나절이면 읽어 낼 수 있는 그런 책들이 대부분이다. 그러다 보니 반감을 품고 깎아내리는 사람들도 있다. 하지만 자기계발서는 꿈의 길에서 자기만의 길을 가기로 선택한 사람들에게는 꼭 필요한 안내서다.

　자기계발서는 현재의 직업 역량을 키울 수 있는 핵심 기술을 짧은 시간에, 시행착오를 줄이며 배울 수 있도록 실용적인 지식과 정보를 준다. 자기계발서 저자들은 인문 고전의 저자들처럼 우리와 시대적, 물리적 거리가 먼 사람들이 아니다. 우리와 동시대를 살아가는 친구, 혹은 형이나 아저씨쯤 되는 사람들이다. 간혹 동생뻘 되는 작가들도 있다. 그래서 책을 읽다가 감동이 된다면 언제라도 그들과 대화를 시도할 수 있다. 직접 만나서 그의 에너지를 전수받을 수도 있다.

　자기계발서를 여러 권 읽다 보면 어딘지 비슷한 점들을 발견할 때가 있다. 그 이야기가 그 이야기 같다고 푸념하기보다는 자기만의 개성 넘치는 삶을 살아가고 있는 사람들의 공통점을 발견했다고 생각하면 된다. 그 공통점을 거울삼아 자신의 현재를 점검해 보고, 행동으로 옮겨 보고 싶은 것들을 따라 해 본다. 행동뿐 아니라 저자들이 성공적인 삶을 살아가는 데 도움을 받은 책이나 그들에게 영향을 준 멘토에 주목하며, 그를 있게 한 정신적 유산에 주의를 두고 그의 멘탈을 모방한다. 이렇게 자기계발서를 통해 자신과 영혼의 빛깔이 비슷한 멘토를 만나고, 그가 읽은 책들, 그가 만난 사람들을 쫓다 보면 어느새 당신의 독서가 문학과 심리학, 역사와 철학을 넘어 종교와 명상에까지 이어짐을 보게 될 것이다. 자기계발서는 한두 시간만 투자하면 쉽게 읽을 수 있는 책들이 많다. 하지만 그 책을 쓴 저자의 삶과 의식 수준은 지식과 지혜를 넘어 영적 성숙의 단계인 경우가 많다. 그런 그들이 자신들이 그랬던 것처럼 이제 막 시작하는 누군가를 위해 쉽고 간결하게, 그리고 가볍게 읽을 수 있도록 쓴 책이 자기계발서이다.

쉽게 읽고 가볍게 적용하자! "나는 할 수 없어. 나와는 다른 사람들이야."라는 생각을 멈추고 당신이 진정 하고 싶다면 다른 어떤 것보다 멘토를 모방하라. 그리고 당신이 스스로 자신이라 믿고 있는 그 자신을 넘어서라. 당신은 당신이 알고 있는 것보다 훨씬 더 크다는 것을 직접 경험할 수 있게 될 것이다. 믿음대로 된다. 정말 그렇다.

숫기 없는 여섯 살 꼬마 김연아가 세계 랭킹 1위의 피겨퀸이 되어 세계의 여신으로 등극한 것을 모두 기억할 것이다. 피겨스케이트를 예술의 경지로 끌어올린 그녀의 표정과 몸짓은 우리 모두의 감성 수준까지 한껏 올려 주었다. 김연아 선수가 이렇게 성장할 수 있었던 데는 그녀의 내면에 강력하게 자리 잡고 있던 멘토와의 만남이 있었기 때문이다.

"나는 그때 내 인생의 이상형을 발견했다. 미셸 콴처럼 멋진 스케이터가 되고 싶었다. 닮고 싶은 사람이 생기니 노력하고 더 노력하게 되었다. 그러다 보니 실력도 쑥쑥 늘었다."

미셸 콴은 여섯 살 김연아의 마음속에 섬광처럼 들어가 꿈을 새겨 놓았다. 멘토의 성공을 모방하라. 그리고 그를 넘어서라. 김연아가 미셸 콴을 넘어서 자기만의 스케이팅을 했던 것처럼, 당신도 당신만의 감정과 표정으로 당신만의 무대를 만들어라.

책 속의 인물, 작가와 직접 소통하라

얼마 전 모임에 참석했다가 백설기 한 덩이를 얻어서 집으로 돌아오는 길이었다. 동네 개천 다리 위에서 그 아래 물고기들이 많이 머물러 있는 것을 보게 되었다. 나는 가방에 있던 백설기를 꺼내서 조금 떼어 물고기들을 향해 던졌다. 어찌 아는지 신기하게도 물고기들이 순식간에 사방에서 몰려와 서로 부딪치며 떡을 먹었다. 재미를 느끼고 몇 번 더 그렇게 던져주면서 둘러보니 조금 떨어진 곳에 있는 작은 물고기 무리가 눈에 들어왔다. 새끼손가락보다 작은 치어 한 무리가 떡을 먹으려고 무섭게 달려드는 큰 물고기들과는 다르게 저희끼리 평화롭게 노닐고 있었다.

나는 떡을 조금 뜯어서 이번에는 그 치어들이 있는 곳까지 멀리 던져주었다. 그런데 그 작은 녀석들은 떡이 물속으로 떨어져 들어오자 순식간에 사방으로 흩어지며 달아났다. 나중에 물이 잔잔해진 뒤에도 떡은 거들떠보지도 않았다. 순간 내 머릿속에 하나의 생각이 지나갔다. '아, 어떤 것을 모른다는 것은 두려운 것이구나.' 그 작은 물고기들은 떡을 먹어 본 적이 없었기에, 그것은 어디선가 저희를 해치려고 날아든 돌멩이와 다를 것이 없었던 것이다.

책을 읽을 때 사람들이 보이는 반응도 이와 비슷하다. '나는 모른다.'는 생각이 마음속 깊이 박혀 있는 사람들은 책과 나는 별개이고, 책을 쓴 사람과 나는 전혀 관계가 없다고 생각한다. 그들은 모른다는 것을 감추기 위해 '흥, 그까짓 거 필요 없어.' 하며 돌아선다. 늘 읽던 종류의 책만 읽게 되고 조금 어렵고 낯설게 생각되는 책은 비난하며 던져 버린다. 반면 '나는 모른다. 그러니 알 때까지 배워야겠다.'는 마음을 가진 사람은 똑같이 모르지만, 책을 통해 또 책을 쓴 사람들을 통해 배워야 하고 배울 수 있다는 것을 안다.

어떤 것을 모른다는 것은 두려운 것이 될 수 있다. 하지만 그 두려움에 맞설 때 그것은 아무것도 아닌 일이 되며, 오히려 그 '모르는 지점'이 성장을 위한 시작점이 될 수 있다. '나는 모른다. 그래서 배운다.' 이런 자세야말로 필요한 지식과 지혜를 겸손하게 배울 수 있게 해 주고, 이전의 자신에게서 벗어날 수 있게 해 준다. 인터넷과 휴대폰도 터지지 않는 최전방 비무장지대 GOP부대에서, 세상과 '커뮤니케이션' 하기 위해 '우유곽 대학'이라는 엉뚱한 대학을 세운 한 청년이 있다. 이 대학의 학과목과 교수진은 놀랄 만큼 화려하다. 긍정 수업은 『긍정의 힘』의 저자 조엘 오스틴, 국제적 인재가 되는 법에는 세계무역 센터의 이희돈 부총재, 창의성 학과는 행동하는 아이디어의 일인자 남이섬 강우현 대표, 정직학과는 정직한 기업인 윤운수 휠라코리아 대표 등 28명이다. 그는 스스로 '우유곽 대학의 총장'이 되어 이 시대 젊은이들이 들으면 좋을 과목을 정하고, 거기에 딱 맞는 교수진을 선정한 것이다. 그리고 선정된 교수 한 사람 한 사람에게 정중하게 편지를 보냈다. 그렇게 군인들이 우유를 먹고 나서 씻어 말린 우유곽을 펼쳐서 쓴 100통의 편지는 세상 곳곳으로 전해졌다.

'안녕하세요? 저는 대한민국의 최전방 부대에 있는 최영환입니다. 저는 당신과 커뮤니케이션 하고 싶은 열정 있는 청년입니다. 이 열정 있는 청년이 만든 열정의 대학, 우유곽 대학의 교수님이 되어 주십시오.'

이 편지를 받은 이들 중 28명의 교수는 그에게 답장을 보내 주었고, 결국 그는 그들을 모두 만나게 되었다. 그리고 그들이 청년들에게 전하고 싶은 성공 노하우를 엮어서 『우유곽 대학을 빌려 드립니다』(21세기북스)를 출간하고, '우유곽 대학의 총장'이라는 자신의 꿈을 이뤘다. 그는 대학 시절 내내 기숙사와 강의실은 물론이고 자판기 커피 잔에도 쓰여 있던 'Why Not Change the World?'라는 슬로건의 영향을 받았다고 한다. 그 결과 '세상을 변화시키는 도구가 되겠다.'는 소망을 하게 되었다. 그래서 오늘보다 나은 내일을 꿈꾸는 젊은이들이 꿈을 실현할 수 있도록 최고의 교수진으로 대학을 만든 것이다. 5년여의 세월 동안 세상에 선한 영향력을 펼치고 있는 한 사람 한 사람 교수진을 만날 때마다 그의 가슴은 또 다른 꿈으로 요동쳤을 것이다.

이후 그는 세계의 청년들을 네트워킹 하는 'M. Tree'라는 비영리 회사를 만든다. '전 세계 흩어진 청년들은 겨자 씨앗처럼 작지만, 이들을 네트워킹 한다면 풀보다 커서 큰 나무가 되매 온 세계가 이 나무에 평안을 얻겠다.'는 성격 속 천국의 비유를 들어 세상을 아름답고 따뜻하게 변화시키는 일을 해 나가고 있다. 그 대표적인 일이 아프리카 아이들과 여성들에게 미술과 패션을 통해 꿈을 주는 일이었다. 그는 파리와 뉴욕의 예술가와 디자이너들에게 "우리 아프리카로 갑시다. 그곳에서 그 아이들에게 미술을 가르칩시다. 하루에 한 끼를 먹지 못한다고 꿈을 가지지 못하라는 법은 없습니다. 그 아이들이 미술을 통해 마음속에 있는 것을 꺼내서 꿈과 희망을 키울 수 있는 마음의 근육을 단련할 수 있도록 도웁시다."라고 설득했다. 그의 말에 21명의 청년 예술가들이 함께하게 되었다.

비무장지대 군인이었던 시절 아무도 관심을 두지 않는 겨자 씨앗처럼 작은 꿈이었지만, 이제 그는 자신이 받은 도움을 다음 세대들에게 넘겨주는 일을 하고 있다. 70년간 소통이 단절된 최전방 비무장지대를 바라보며 가졌던 "대한민국에서 가장 소통 잘하는 청년이 되겠다."는 꿈이 더욱 커져 세상을 네트워킹하고 그 힘으로 세상을 바꾸는 리더가 된 것이다.

어떻게 이런 일이 가능했을까? 아마도 그의 신념이 책 속에서 만났던 이들에게 직접 다가갈 수 있는 용기를 주었기 때문일 것이다. 사람은 서로 도움을 주고받으며 살아간다. 누구도 예외는 없다. 지금 당신의 꿈을 이루는 데 필요한 사람이 있다면, 그와 직접 소통하라. 두려움을 버리자. 그들도 예전에는 평범한 사람이었고, 먼저 길을 낸 사람들의 수많은 도움으로 현재에 이른 것이다. 그들도 그걸 알기에 기꺼이 당신과 소통하며 돕기를 원한다는 것을 기억하자.

나를 믿고 사랑하는 힘

　나에겐 어린 시절부터 지금껏 함께해 준 고맙고도 귀여운 할머니가 있다. 그 할머니는 스웨덴분이고, 세계적으로 아주 유명하다. 어린이 책에 수여하는 가장 권위 있는 상인 한스 크리스티안 안데르센상 등 국제적인 상을 숱하게 받고, 노벨상 후보에 올랐고, 러시아 학술원은 1996년 발견된 유성 3204번에 우리 할머니의 이름을 붙였다. 그분은 바로 『내 이름은 삐삐 롱스타킹』의 작가 '아스트리드 린드그렌'이다. 어린 시절 나에게 따뜻한 위로와 사랑 그리고 희망을 가르쳐 준 분이다. 지금은 하늘의 별이 되었지만, 나는 아직도 유년의 나에게 내가 '사자'임을 알려 준 책 『사자왕 형제의 모험』(사계절)을 잊을 수가 없다.

　세상 사람들은 모르는 또 다른 세계 '낭기열라와 낭길리마'의 비밀을 가르쳐 준 사자왕 요나탄의 이야기는 나에게 현실 너머 또 다른 세계를 볼 수 있는 눈을 주었다. 죽음 다음에 또 다른 세계가 있음을 영혼 깊이 심어 주었다. 그래서 현실의 어려움은 다음 세계로 가는 디딤돌이 되어 더 멋진 세계로 나갈 수 있음을 어린 나이였지만 직감적으로 알 수 있었다. 그리고 그 책은 내가 요나탄과 같은 '사자'임을 알게 해 주었다. 할머니의 동화들은 이후 성장하며 읽었던 다른 어떤 철학자나 사상가의 책보다 깊은 감동과 함께 더 멋진 나로 살아갈 용기를 주었다.

우리는 모두 세상의 유일한 존재로 태어난다. 누구도 필요치 않은 사람이 없다는 말이다. 각자가 그것을 깨닫고 자신을 필요로 하는 자리, 자신에게 꼭 맞는, 가슴 뛰는 자리를 찾으면 된다. 그런데 양육되고 성장하는 과정에서 우리의 참모습과는 다른 왜곡된 모습으로 살아간다. 게다가 그것이 자신의 참모습이라 착각하는 경우가 많다. 단지 살기 위해, 살아남기 위해 습득된 성품이 자신의 진짜 모습이라 생각한다. 타인의 평가에 의지하여 자신을 비난하고 자책하기도 한다.

우리가 멋있다고 찬사를 보내는 사람들은 대부분 평범하지 않다. 그들은 무리 속에서 색깔 없이 어우러지는 평범한 삶을 포기하고 자신만의 길을 선택한 사람들이다. 누구나 자기만의 독특한 성품과 내면의 욕구를 인정하면 세상에 유일한 보석으로 빛을 발하게 된다. 각자가 본래 가지고 태어난 그 매력을 발산할 수 있게 되는 것이다. 무리 속에 숨어서 숨죽이고, 다른 사람들 뒤에 숨어서 자신을 감추기보다는 자신의 모습을 마음껏 드러내자. 부딪치고, 깨지고, 갈고, 닦아야 진정한 보석이 된다.

자신이 '사자'인 줄 모르고 양의 무리에 섞여 '메에에' 하고 울던 사자가 있었다. 어느 날 그와 같은 사자 무리가 그를 발견하고 "너는 사자다."라고 말해 준다. 하지만 그는 "저는 양이에요." 하며 우긴다. 그다음 그의 삶은 어떻게 되었겠는가. 반면 자신이 미운 오리라고 생각하며 자란 '백조'가 있었다. 어느 날 한 무리의 백조들을 만나게 된다. 미운 오리는 연못에 비친 자신의 모습이 그들과 같음을 발견한다. 스스로 더는 '미운 오리'가 아닌 '백조'임을 알게 된다.

17년 동안 바보로 살았던 멘사 회장 이야기 『바보 빅터』(한국 경제신문)는 '인간은 스스로 믿는 대로 된다.'는 안톤체 호프의 말을 증명한다. 중학교 시절 빅터는 평소 어리숙한 행동 탓에 바보 취급을 받는다. IQ 검사 결과 173이라는 놀라운 결과가 나왔지만, 선생님은 당연하다는 듯 IQ 73이라 생각하고 학적부에 적는 실수를 한다. 이 때문에 그는 주변에서 바보로 취급받는다. 그리고 스스로 바보라고 생각하며 움츠리고 산다. 그러던 어느 날 중학교 시절에 친구였던 여자 친구를 만난다. 그리고 작가 지망생이었던 그녀가 쓴 '소녀와 발레리노' 이야기를 듣던 중 빅터는 처음으로 자신의 내면에서 들려오는 영혼의 소리를 듣는다. 이야기를 요약해 보면 이렇다.

러시아의 어느 시골 마을에 발레리나를 꿈꾸는 소녀가 살고 있었다. 소녀는 꿈을 이루기 위해 열심히 발레를 연습했고 또래보다 앞서 나갈 수 있었다. 하지만 더 어려운 기술을 배우고 연습할수록 그만큼 실패하는 횟수가 많아졌다. 소녀의 마음 깊은 곳에서는 의구심이 들기 시작했다. '과연 나에게 재능이 있는 것일까?' 그러던 어느 날, 마을에서 세계 최고의 무용수가 방문하는 행사가 벌어졌다. 소녀는 자신의 재능을 확인하기 위해 행사장으로 달려가 무용수에게 간청했다. 떨리는 마음으로 춤을 추는 소녀를 무심히 바라보던 무용수는 1분도 채 지나지 않아
"그만! 너처럼 뻣뻣한 아이는 난생처음 보는구나. 넌 재능이 없어."
라고 말했다. 세계 최고의 무용수가 내린 평가였다. 결국, 소녀는 재능이 없다는 사실을 인정하고 발레를 포기하고 말았다. 그 후 소녀는 평범한 가정주부가 되었다. 세월이 흐른 어느 날, 여인은 행사장에서 은퇴한 무용수를 만날 수 있었다. 그를 보자 좀처럼 풀리지 않던 의문이 하나 생각났다.

"오래전 당신은 이 자리에서 내게 재능이 없다고 말했죠. 그런데 요즘 생각해 보니 뭔가 이상한 점이 있어요. 당신이 아무리 세계 최고의 무용수라 해도 말이죠, 어떻게 단 1분 만에 어린 소녀의 가능성을 알아볼 수 있었죠?"

그는 예전처럼 무심한 표정을 지으며 말했다.

"당연히 알 수 없죠. 난 신이 아니니까."

여인은 정신이 멍했다. 그리고 무책임한 그에게 비난을 쏟아 냈다. 그러자 무용수는 오히려 여인에게 소리쳤다.

"당신이 남의 말을 듣고 꿈을 포기했다면, 애초에 성공할 자격이 없었던 겁니다!"

빅터는 이 이야기를 듣고 돌처럼 굳어졌다.

"난 정말 바보였어. 자신을 믿지 못한 나야말로 진짜 바보였어…"

그리고 처음으로 자신의 내면에서 들려오는 영혼의 목소리를 듣는다.

"나는 세상의 눈으로 살았던 내 인생을 돌려받겠다.

나는 그 어떤 세상의 말보다 내 생각을 가장 존중하겠다.

나는 나를 사랑하겠다.

나는 내가 좋아하는 일을 하겠다.

나는 나의 미래를 두려워하지 않겠다."

주변 사람의 이야기만 듣고 자신을 판단하지 않길 바란다. 당신의 내면에서 들려오는 소리에 귀 기울이며 다양한 책을 읽다 보면 그 속에서 당신

과 똑같은 누군가를 발견하게 될 것이다. 만약 그런 행운이 당신에게 일어
난다면 그냥 믿으면 된다. '아, 나는 양이 아닌 사자였구나. 미운 오리가 아
닌 백조였구나. 나는 바보가 아닌 천재였구나.' 하고 말이다. 당신 자신이
자신을 믿고 인정할 때 세상도 당신을 그렇게 인식하기 시작한다.

꿈꾸는 사람에겐 미래가 먼저 온다

　자아를 회복하고 자신에 대해 잘 알게 되면, 이 땅에서 혹은 이 지구에서 더 넓게는 이 우주에서 자신이 해야 하는 일이 무엇인지 알게 된다. 내면의 열정이 밖으로 뿜어져 나온다. 그것은 아무리 퍼내도 고갈되지 않는 샘물처럼 샘솟아서 자신의 갈증뿐 아니라 세상의 목마름을 해결하기도 한다.

　EBS 강연 프로그램 〈세상을 바꾸는 시간 15분〉에는 자기만의 끼와 재능으로 혹은 용기만으로 색다른 인생을 살아가는 청년 CEO들이 등장한다. 그들은 대부분 경제적으로 아무것도 없는 상황, 현실에서 요구하는 스펙에 못 미치는 역량을 가지고 있었다. 하지만 내면에서 들려오는 소리를 믿고, 스스로 가슴을 뛰게 하는 꿈을 믿고, 자신을 믿은 사람들이다. 현실적인 가치와 목표만 좇는 능률지상주의자들의 관점으로 보면, 누구도 가지 않은 길을 가고 있는 그들은 한마디로 낭떠러지를 향해 달려가는 사람으로 보일 수 있다.

　'꿈꾸는 사람에겐 미래가 먼저 온다.'는 말이 있다. 그들이 죽을지도 모르는 낭떠러지에서 떨어질 수 있었던 것은 다른 이들에게는 보이지 않는 미래를 예측할 수 있는 혜안이 있었기 때문이다. 자신에게 맞는 책을 내면의 욕구에 따라 읽어 나가다 보면 지식이 확장되고, 그 지식이 지혜의 단계로 변형되는 지점을 경험하게 된다. 어느 순간 세상이 하나로 꿰뚫어지고 두려움이 없어진다. 그리고 그 지혜는 세상에 선한 영향력을 펼 수 있는 신념으로 확장된다.

좋은 신념을 지닌 사람은 더 큰 영역으로 상상을 펼쳐 나간다. 그 신념이 상상을 강화시키고 마침내 이루어지도록 실행하게 한다. 자신의 정체성을 정확하게 알고 있는 사람은 명확한 신념을 지닌다. 자신이 원하는 것과 할 수 있는 것을 정확히 안다. 그리고 몰입한다. 그들은 꿈에 한계를 짓지 않는다. 꿈이 하나하나 실현될 때마다 세상을 향한 그들의 사랑도 깊어지고 더욱 커진다. 꿈은 그 사랑에 정비례한다. 자신과 세상에 대한 사랑이 부족한 사람은 큰 꿈을 이루는데 실패할 수밖에 없다.

1984년 일본 히로시마에서 '유니클로 클로딩 웨어하우스'(유니클로 1호점)라는 작은 옷 가게로 시작해 현재 전 세계 16개국에 1600여 개의 매장으로 확대된 그룹이 있다. 이 그룹은 2014년에는 1조 3829억 엔의 매출을 올리는 세계 4위의 SPA(생산자가 기획, 유통, 판매까지 하는 상표) 그룹이 되었다. 바로 '모두를 위한 옷'이라는 슬로건으로 품질 좋은 옷을 합리적인 가격에 판매하여 성공한 '유니클로' 이야기다. 일본 최고의 부자가 된 유니클로 야나이 회장은 2020년까지 스페인의 자라, 스웨덴의 H&M, 미국의 GAP을 제치고 세계 1위가 되는 것이 목표라고 한다. 그는 세계 1등 기업이 되기 위해서는, "자신들의 비즈니스가 세상을 좋은 방향으로 바꿔 나갈 수 있다는 강한 신념을 지니는 것이 중요하다. 단지 자기 산업 분야에서 1등 하는 것이 아니라 세상을 바꾸는 혁신을 이룬다는 각오로 도전해야 한다. 세계적인 대기업은 국가보다 강한 힘을 가지고 국경을 넘어 다른 국가에도 지대한 영향력을 행사하고 있다. 패스트리테일링은 옷을 바꾸고, 상식을 바꾸고, 세상을 바꾼다. 유니클로의 가장 큰 장점은 즉단, 즉결, 즉시 실행 등

빠른 속도에 있다."고 말한다. 그의 말 속에는 세상을 향한 관심과 사랑 그리고 두려움 없이 도전하고 나가는 용기가 느껴진다.

2010년 10월 6일 설립된 '인스타그램'의 창업자 케빈 시스트롬 역시 비슷하다. 그는 1983년생으로 인스타그램을 만들었을 때는 불과 20대였다. 인스타그램은 설립 두 달 만인 2010년 12월 12일에 월 사용자가 100만 명을 돌파했고, 2011년에는 애플이 '올해의 아이폰 앱'으로 선정하였으며, 거의 2년 만에 페이스북이 10억 달러에 인수하게 된다. 현재 월 사용자 4억 명을 돌파했다. 한계를 두지 않고 확장되어 가는 인스타그램의 성공 뒤에도 세상을 향한 창업자의 신념이 있다.

"사람들이 소통하는 방식이 문자 위주에서 그림 위주로 바뀌고 있다. 즉 일상 속에서 아름다움을 찾는 일(see the beauty in the everyday)이 중요하다. 사람들이 이미지를 통해 더 많은 영감을 얻을 수 있도록 더 빠르게, 더 널리 사람들과 나눌 수 있도록 기술적인 환경을 지원하는 게 우리 목표다. 사진은 세계 공통 언어다. 세계는 이미지들로 더 가까이 이어질 것이다. 1등 기업이 되기 위해서는 무엇보다 뚜렷한 비전이 중요하다. 그다음으로 민첩성과 대범함이 중요하다. 인스타그램은 '사람들이 세상의 순간들을 포착하고 공유할 수 있도록 지원한다.'는 명확한 비전을 달성하기 위해 나는 팀이 빠르게 움직이도록 이끌고, 대범하게 맞서려고 노력한다."

유니클로의 야나이 회장과 인스타그램의 창업자 케빈 시스트롬은 동양과 서양이라는 지역의 차이, 서른이 넘는 나이 차이, SPA와 IT라는 업종의 차이에도 불구하고 두 사람의 신념과 비전은 거의 일치한다. 또 회사를 운영하는 방식이 비슷함을 알 수 있다. 그들은 자신들의 일을 통해 세상이 좋아질 거라고 확신한다. 세상의 변화를 살펴서 그 필요를 정확히 알고 공급하는 기업이 사랑받는다. 모든 일은 사람에 대한 사랑과 세상에 대한 사랑이 근본이 되어야 한다.

성공하기 위해서는 자신의 꿈을 명확히 알고 생생하게 그리며, 지금 당장 할 수 있는 일부터 실행에 옮겨야 한다. 앞으로 나아가기 위해 두려움이 사라질 때까지 기다리는 것이 아니라, 앞으로 나아가는 행동을 할 때 두려움은 사라진다. 피터 드러커는 『프로페셔널의 조건』(피터 드러커, 청림출판)에서 '변화의 핵심은 자신을 바꾸는 것이 아니라 진정한 자신을 찾는 것'이라고 말한다. 나는 누구이며, 왜 이곳에 있는가? 내가 정말로 원하는 것은 무엇인가? 나의 목표는 무엇인가? 이 물음에 대답할 수 있다면 꿈은 저절로 그려진다. 세상이 필요로 하는 것을 공급하고자 하는 신념을 지니고 꿈을 믿으며 걸어갈 때, 온 우주는 당신에게 주의를 기울이며 당신의 성공을 돕기 시작한다. 사람으로, 책으로, 여러 가지 크고 작은 행운으로 당신을 돕기 시작한다. 당신이 그것에 감사하며 사랑의 힘을 넓혀 나가면 처음 그리던 꿈은 상상할 수 없는 크기로 커질 것이다.

배우고, 발견하고, 자유롭게 읽어라

　지금까지 책을 읽어야 하는 여러 가지 이유에 대해 내가 알고 있는 모든 지식과 경험을 동원하여 설명했다. 그런데 정말 중요한 것은 많은 책을 읽는 것은 그리 중요하지 않다는 것이다. 나는 사람의 운명을 바꾸는 책은 정확한 시기에 꼭 맞게 찾아온다고 믿는다. 누구에게나 그런 행운이 있다고 생각한다. 그런데 준비되지 않은 사람은 그 기회가 와도 알아차리지 못한다. 책이 읽어 달라 애원을 해도, 모르고 지나간다. 그래서 꾸준히 읽는 것이 중요하다.

　책을 거울삼아 자신의 모습을 비춰 보면, 남과 다른 독특한 모습, 좀 더 다듬어야 할 모난 모습, 이전에는 몰랐던 새로운 모습들을 발견할 수 있다. 다양한 책을 통해 배우다 보면 운명의 책을 만나게 될 것이다. 그것도 단계별로, 당신의 성장에 맞게 계속 만나며 책 속의 스승들을 통해 성장하고 있음을 감사하게 될 날이 있을 것이다.

　책 읽기의 감사함을 아는 사람은 자유를 얻게 된다. 세상에 어떤 문제 앞에서도 두렵지 않게 된다. 모든 문제에는 답이 있듯이 그것과 관련된 책이 있을 것이고, 나보다 먼저 그 문제를 가지고 씨름하며 깨달음에 이른 이들이 있기 마련이다. 자신의 문제와 관련된 책을 읽으며 시간을 갖고 차근차근 문제에 다가서다 보면, 책 속에도 나오지 않은 당신만의 새로운 해결

책을 발견하기도 한다. 그것이 바로 발견하고, 배우는 삶을 통한 '당신다운 삶'의 시작이다.

당신다운 삶의 시작과 함께 '당신만의 시각'을 갖게 되길 바란다. 살면서 만나는 모든 것들이 다 책이다. 사람도, 자연도, 영화도, 음악도, 모두 책이다. 그리고 우리가 살아 내고 있는 하루하루가 다 책이다. 무엇을 만나든 책을 읽듯 차근차근 집중하고, 행간의 의미를 살피듯 자기만의 의미를 발견해 보는 삶이 되길 바란다.

현실의 삶이 버겁다 하더라도 지나치게 현재와 목표에만 사로잡혀 있지 말자. 그런 삶은 매력 없는 삶이다. 영국의 철학자이며 노벨문학상 수상작가인 버트런드 러셀(1872-1970)은 『행복의 정복』에서 '모든 종류의 폭넓은 관심사는 긴장을 이완한다.'고 말하며 인생의 폭이 협소할수록 우연한 사건이 우리 인생을 마음대로 주무를 수 있게 된다고 했다. 자신이 맡은 일에만 지나치게 관심을 쏟는 사람은 극단주의로 빠져 정신적 시야가 현재에만 갇힌다. 그리고 능률지상주의를 신봉하는 사람이 되어 늘 불안한 경쟁 속에서 살아야 한다. 그들은 눈앞의 목표는 달성할 수 있겠으나 먼 훗날에 나타나는 결과는 형편없을 것이라고 확언한다.

몸의 감각과 내면의 직관을 따라 경험하고, 발견하고, 배우고, 자유롭게 살길 바란다. 그것이 우리가 이 불완전하고 예측할 수 없는 지구별에서 행복하게 사는 방법이다. 배움과 삶의 자세에 대한 내 생각이 철학자 러셀의 생각과 거의 같음을 발견한다. 세계를 이끌어 가는 위대한 지성과 내 생각의 어느 지점이 일치함을 발견하는 것은 책 읽기에서만 느낄 수 있는 황홀한 경험이다.

러셀 또한 네덜란드의 철학자 스피노자(1632-1677)의 '인간의 속박과 자유'

에 대한 저술이 자신이 말하고자하는 요점과 거의 같다며 스피노자를 빌어 자신의 견해를 피력한다.

아주 잠깐이라도 그리고 아주 단순하게라도, 위대한 정신을 느껴 본 사람은, 비열한 행동이나 이기적인 행동을 하거나 사소한 불운에 안달하거나 자신에게 닥쳐올 운명을 두려워하는 데서 결코 행복을 느끼지 못한다. 위대한 정신을 발휘할 수 있는 사람은 우주의 구석구석으로부터 불어온 바람이 자유롭게 드나들 수 있도록 마음의 창문을 활짝 열어 놓을 것이다. 이런 사람은 인간적 한계가 허용하는 것만큼 올바르게 자신과 인생과 세계를 바라볼 것이다. 그는 인간의 생명이 짧고 하잘 것 없지만, 인간 개개인의 정신에는 우주 안에 존재하는 모든 가치 있는 것들이 집약되어 있다는 점을 깨닫게 될 것이며, 세계를 반영하는 정신을 가진 인간은 어떤 의미에서 세계만큼 위대한 존재가 된다는 것을 알게 될 것이다. 그는 상황에 따라 움직이는 사람에게 늘 따라다니는 두려움을 느끼지 않기 때문에 강력한 기쁨을 느낄 것이며, 표면적인 생활이 갖은 곡절을 겪는다고 해도 깊은 본질에 있어서는 늘 행복한 사람일 것이다.

이제 책을 덮고 밖으로 나가 숲길 혹은 공원길 아니면 당신이 지금 있는 어디라도 좋다. 길을 걸으며 혹은 그저 앉아서 바람을 느끼고, 당신의 호흡이 들고 나는 것을 느끼길 바란다. '당신다운 삶'을 시작하는 그 길에 영화 〈미션〉의 테마곡인 '가브리엘의 오보에(Gabriel's Oboe)'를 선물하고 싶다. 극도의 공포와 두려움 속에서 한 인간이 영혼 깊은 곳에서 길어 올린 평화와 사랑의 음성을 들으며, 눈에 보이는 혹은 보이지 않는 큰 것과 작은 것, 가까이 있는 것과 멀리 있는 것들을 발견하고 느끼고 배우길 바란다. 그리고 당신이 가는 그 길에 항상 책이 함께하길 바란다. 아직은 혼자 가기 어렵다면, 그 길에 들어설 수 있도록 나는 행복한 동행을 하고 싶다.

추천도서

『종이 위의 기적 쓰면 이루어진다』 헨리에트 앤 클라우 | 한언

이 책은 자신이 원하는 꿈을 이루어 주는 '쓰기의 힘'에 대해 말하는 책이다. 삶의 기적은 작은 노트에서 시작된다는 내용과 함께 어떻게 쓰고, 어떻게 생활하는 가운데 습관처럼 만들어 갈 수 있는지 이야기한다. 유명인들의 실제 사례가 설득력을 더한다.

『제임스 앨런의 생각의 지혜』 제임스 앨런 | 물푸레

20세기 '신비의 작가'로 불리는 제임스 앨런의 대표작 10권을 함께 묶은 책이다. 행복하고 평화롭고 힘찬 삶을 원하는 사람들에게 고통과 불행의 원인을 이해하고 자신의 노력으로 기쁨과 행복을 누리고 성숙한 인격으로 자신을 변화시키는 방법을 알려 준다. 전 세계 천 만 독자의 삶을 변화시킨 책이라는 별칭이 붙어 있는 책이다.

『내 인생을 바꾼 한 권의 책 2』 리더스북

인생을 변화시키는 한 권의 책의 힘을 일깨워 준 『내 인생을 바꾼 한 권의 책』의 후속작. 전작이 스티븐 코비, 잭 캔필드, 론다 번 등 세계 명사들의 책과 인생 이야기라면, 국내편인 2권은 박경철, 김영세, 심영섭, 김진규, 공병호 등 국내 명사 30인이 운명을 바꾼 책을 만나고 책에서 얻은 지혜를 인생에 활용한 이야기를 들려준다.

『삶의 모든 것을 바꾸는 9가지 의식혁명』 닐 도널드 월쉬 | 판미동

사람들은 수많은 변화 속에서 살아간다. 가족이 세상을 떠나거나 사랑하는 연인과 헤어지기도 하며, 갑자기 건강이 나빠지거나 경제 사정이 어려워지기도 한다. 변화하지 않는 삶이란 없으며, 삶의 가장 대표적인 속성이 곧 변화라고 할 수 있다. 저자는 "변화는 왜 일어나는가?"라는 질문을 던지고, 모든 변화는 내가 원해서, 삶이 더 나아지기 위해서 일어난다고 하며 피할 수 없는 삶의 변화를 제힘으로 이끌어 나가는 9가지의 지침을 제시한다.

『시골 의사 박경철의 자기 혁명』 박경철 | 리더스북

자아 찾기, 시간 활용, 책 읽기, 글쓰기 등 박경철이 제안하는 자기 삶의 주인으로 사는 법이 안내된 자기계발서이다. 현학적인 문체를 통해 의사이지만 책을 통해 자기 혁명을 실천한 저자의 삶을 엿볼 수 있다. 책을 읽고 마음에 든다면 강연을 통해 그를 온라인이나 오프라인으로도 만나 볼 수 있다. 나보다 먼저 시행착오를 거쳐 성공한 저자를 만나 볼 수 있다는 것은 자기계발서가 갖는 매력 중 하나다.

『익숙한 것과의 결별』 구본형 | 을유문화사

1998년 출간된 책이지만 여전히 '익숙한 것과의 결별'을 통한 변화는 우리 삶의 화두이다. 회사와 고용 관계가 아닌 상호 협력 관계를 이루는 방법으로 1인 기업을 운영하기 위한 구체적 방안을 제시한다. 초판 인쇄로 사라지는 자기계발서의 운명을 볼 때 10년 이상 사랑받고 있는 자기계발서의 고전이라 할 만하다.

『존재의 심리학』 아브라함 H. 매슬로 | 문예출판사

인본주의 심리학의 창시자이자 '욕구 5단계설'로 유명한 매슬로의 이론을 집대성하여 한눈에 볼 수 있게 해 주는 대표작으로 평가받는 책이다. 매슬로우는 인간 본성에 관한 혐오나 좌절이 아닌 사랑과 연민, 인간에 대한 믿음을 바탕으로, 인간의 이중성을 인정하면서도 착한 사람들이 모여 좋은 세상을 만들어 나가는데 이바지할 지식이 필요함을 역설한다. 즉 두려움을 증가시키는 모든 심리적. 사회적 요인들은 알고자 하는 욕구를 감소시키며 용기, 자유, 대범함을 허용하는 요인들은 알고자 하는 우리의 욕구를 해방시킨다고 말한다. 자아실현과 좋은 세상은 서로 어떻게 연결되어 있는지 진정한 성공에 대해 생각하게 한다.

『우유곽 대학을 빌려 드립니다』 강우현 외 | 최영환 편 | 21세기북스

'행동하는 아이디어'의 일인자 남이섬 강우현 대표, 세계적인 목사 조엘 오스틴, 정직한 기업인 윤윤수 휠라코리아 대표, 대한민국을 새롭게 디자인하는 박원순 변호사 등 이 책은 세계적인 명사 28인이 상상, 열정, 개척, 관계, 리더십, 표현, 행복 등 인생을 살면서 필요한 28가지 핵심 요소를 모아 젊은이들에게 주는 인생 강의록이다. 짤막한 멘토들의 핵심 메시지를 통해 자신만의 멘토를 찾아 이 책을 엮은 최영환 씨처럼 직접 소통할 수 있다.

『나의 꿈 사용법』 고혜경 | 한겨레출판

'나는 누구일까?' '내게 벌어지는 이 모든 일은 어떤 인과관계를 지니는 것일까?' '내 삶에 궁극적 방향성은 있을까?' 진정한 자아를 탐색하는 여정에서 자신에 대해 끊임없이 질문하게 된다. 저자는 꿈이야말로 자신을 알 수 있는 확실한 목소리라고 말한다. 이 책은 꿈에 대한 입문서다. 가볍게 읽어 보는 것만으로도 꿈이 속삭이는 소리에 귀 기울이게 된다. '내 마음 나도 모르겠다.'는 마음이라면 우선 자신과 소통하는 게 중요하다.

『미움 받을 용기』 기시미 이치로, 고가 후미타케 | 인플루엔셜

아들러 심리학을 공부한 '철학자'와 세상에 부정적이고 열등감 많은 '청년'이 다섯 번의 만남을 통해 '어떻게 행복한 인생을 살 것인가?'라는 우리가 모두 궁금해하는 질문에 답을 찾아가는 여정을 그린 책이다. 플라톤의 『대화편』을 빌린 구성으로 마치 연극을 보는 듯한 느낌을 주어 쉽고 흥미진진하게 읽을 수 있다. 이 책의 청년처럼 좀 이해하기 어려운 책을 읽을 때는 끊임없이 질문하며 "왜?"라는 의문을 가져 보자. 의문에 대한 답을 찾아가며 책을 읽는다면 작가와 직접 만나 소통하는 듯한 느낌이 들 것이다.

『사자왕 형제의 모험』 아스트리드 린드그렌 | 창비

1983년 우리나라에 번역된 이래 30년이 넘는 시간 동안 어린이뿐 아니라 어른들에게도 사랑받는 아동 문학의 고전이 된 작품이다. 못생기고 병약한 동생 카알과 잘생기고 용감한 형 요나탄의 이야기 속에는 두려움과 용기, 억압과 자유, 상처와 치유, 죽음에 대한 새로운 통찰이 담겨 있다. 누구나 읽고 깊은 감동과 통찰을 얻을 수 있는 매력적인 동화다.

『바보 빅터』 호아킴 데 포사다, 레이먼드 조 | 한국경제신문

이 책은 실재 인물을 모델로 쓴 책이다. 국제 멘사 협회 회장이 된 천재 '빅터 세리브리아 코프'와 못난이 콤플렉스 때문에 힘겨운 삶을 살았던 '트레이시'라는 여성이 그 주인공이다. 빅터와 로라의 삶을 통해 고통, 위기 속에서도 끝까지 놓지 말아야 할 희망과 믿음에 대해 이야기한다. 또 다른 사람에 의해 판단되고 선택된 인생이 아닌 자신을 믿고 자기를 사랑하며 살아갈 수 있는 용기를 준다.

『프로페셔널의 조건』 피터 드러커 | 청림출판사

1960년대 말 지식사회의 도래를 예견하고, 지식사회에는 지식만이 사회적 지위를 얻고 경제적 성과를 얻을 수 있는 유일한 생산수단이 될 것이라고 주장해 온 피터 드러커가 지식사회에서 각 개인의 '자기실현' 방법에 대해 들려준다. 또, 나의 강점과 가치관은 무엇이고, 나는 어떤 사람으로 기억되기를 바라며, 나는 인생의 후반부를 어떻게 준비할 것인가 등에 대한 해답을 찾아가는 과정을 통해 21세기 지식사회에서 어떻게 하면 지식근로자로서 성공을 거두고 진정한 프로페셔널이 될 수 있는지 그 실천 방법들을 제시한다.

『행복의 정복』 버트런드 러셀 | 사회평론

다섯 살이 되던 해에 인생의 지루함과 무료함을 생각했고, 사춘기 시절에는 삶을 증오해 자살을 꿈꾸기도 했던 저자가 삶을 즐기며 행복해진 비결에 대해 자신의 경험을 토대로 전한다. 인간 본성을 통해 행복을 정의한 일종의 인간론이기도 하다. 1930년에 쓰인 글이지만 여전히 유효하며, 그 어떤 행복에 관한 책보다 본질에 접근하도록 이끈다.

▍에필로그

당신은 더 나은 삶을 살아야 한다

2016년 현재 대한민국은 특정 계층에 상관없이 먹고사는 문제로 심각한 수준의 불안을 안고 있다. 이제 막 사회생활을 시작하는 청년들을 결혼, 출산, 내 집 마련, 꿈, 희망 직업, 인간관계, 연애를 포기한 '7포 세대'라 부르며 사회 진출의 기회마저 박탈하고 있다. 청년들은 물론이고, 중장년층의 정리해고와 길어진 노년을 재앙으로만 바라보게 하는 언론 보도의 영향으로 걱정과 불안이 도를 넘어 심각한 사회문제로 대두하고 있다. 미래에 대한 희망은 없고, 힘든 현실의 삶과 다가올 앞날에 대한 공포 수준의 불안만 있다 보니, 한창 꿈을 꿔야 할 어린이들조차 잘 먹고 잘살기 위해서는 좋은 학교에 가야하고, 좋은 학교에 가야 좋은 직장을 얻어서 잘먹고 잘사는 꿈을 이룰 수 있다고 생각한다. 하지만 우리 모두 그렇게 사는 삶에 특별한 행복은 없고, 오직 반복되는 생계와 생존만 있을 것임을 이미 알고 있다.

미국의 경제학자 소스타인 베블런이 110여 년 전 발견한 『유한계급론』을 통해 이 불안한 생존의 시대를 어떻게 극복해야 할지에 대해 생각해 보자. 유한계급(Leisure Class)이란 일정한 수준의 자산을 가지고 있어 생계를 위해 노동을 할 필요가 없는 사회 계급을 말한다. 자본가를 비롯하여 생산적 노동에 참여하지 않는 지배계급으로, 여가를 즐기는 사람들이라는 뜻이다. 이들은 돈과 권력을 소유하고 있기 때문에 세상의 변화에 큰 압력을 느끼지 않고, 굳이 세상이 변하는 것을 원하지도 않는다. 그래서 기존의 제도와 생활양식을 선호하는 보수주의 경향을 강하게 나타낸다.

반면 생산직 노동에 종사하며 하루하루를 살아가는 가난한 하위 계층 사람들은 현 제도와 생활양식 속에서 많은 고통을 받고 있기 때문에 세상의 변화를 원하는 진보주의 성향이 있게 될 거라는 게 일반적인 예상이다. 그러나 그들은 눈앞의 일상과 생존만으로도 너무나 힘겨운 나머지 세상을 변화시킬 새로운 대안을 고민할 여력이 없다. 그래서 기존의 방식에 순응하고, 적응하여 살아가는 데 모든 에너지를 소모한다.

지금 당신이 생계만 걱정하고, 생계를 벗어나서는 어떤 생각도 할 수 없으며, 제도에 순응해서 오직 사회에서 부여받은 역할로만 살아간다면 110여 년 전 베블런이 말한 유한계급제도를 생각해 보기 바란다. 누군가는 평생 레저를 즐기며 생계를 위한 노동으로부터 분리된 삶을 살고, 그들의 여유 있는 삶을 지탱하기 위해 누군가는 생계를 위한 노동 이외의 인간다운 삶은 생각지도 못하고 살아가고 있다. 얼마나 끔찍한 악의 구조인가. 그 구조에서 벗어나기 위해서는 당신의 자각이 필요하다. 물론 먹고살기도 어려운 현실에서 지금까지 당신이 전부라고 생각했던 삶의 습관을 바꾸고 자기 삶의 혁신을 추구하는 것은 결코 쉬운 일이 아니다. 하지만 불가능한 일도 아니다. 당신이 현재의 삶에 만족하지 못하고 변화와 혁신을 꿈꾸기 시작했다면, 일상 중 한두 시간은 꼭 당신 자신을 위해 사용하길 바란다. 새로운 것들에 관심을 두고 그에 관한 책을 읽으며, 사유의 폭을 넓히고 변화를 경험하고 추구하는 삶을 살아가길 바란다.

그 작은 시작이 당신이 당신 자신임을 자각하게 하고, 일이 곧 당신이 아님을 알게 할 것이다. 일과 삶을 분리하여 살아갈 수 있게 될 것이며, 당신이 원하는 행복한 삶을 살아갈 힘이 되어 줄 것이다. 당신은 누군가의 여가를 지탱해 주기 위해서 존재하는 산업혁명시대의 노동자가 아니다. 당신은 더 나은 삶을 살아야 한다. 그리고 당신이 책을 읽음으로써 우리 모두의 삶이 더 나은 삶으로 진보할 수 있도록 힘을 보탤 수 있다.

당신이 스스로 책을 선택하고 읽는 주체가 되길 바란다. 그 과정에서 당신의 현재를 만나고, 과거와 화해하며, 미래로 나갈 힘을 얻게 될 것이다. 무엇보다 너무 조급하지 않게 그냥 소풍하듯 여유를 가지고, 읽고 쓰는 동안 행복한 통찰을 경험하길 바란다. 모두가 생존을 이야기하며 책과 점점 멀어지고 있지만, 이 책을 통해 책 읽는 사람만이 누릴 수 있는 기쁨과 유익이 얼마나 큰지 알게 되었길 바란다.

앞으로 책을 읽고 글을 쓰는 동안 당신이 지금 들어가 앉아 있는 그곳이 스스로 충분히 나올 수 있는 구덩이임을 알게 될 것이고, 마침내 그 구덩이 속에서 훌쩍 뛰어나올 수 있게 될 것이다. 읽고, 쓰고, 생각하고, 함께 나누는 활동은 당신을 당신 자신으로 회복시켜 준다. 독서는 당신이 인간으로서의 존엄을 지키며 한 사람의 독립된 주체로 살아가게 해 주는 강력한 도구가 됨을 기억하길 바란다.

자, 이제 타인들이 지어 준 짐을 내려놓고, 당신이 원하는 것들로 짐을 꾸리고, 출발! 삶은 낯선 곳으로의 여행임을 기억하자! 무엇을 만나든지 마음을 열고, 당당하고, 친절하게 만나라. 그리고 절대로 겁먹고 먼저 달아나지 말기!

2023년 10월 26일

리커버 한정판을 출간하며…

숨이 막힐 듯 힘겨웠던 시간을 지나고 나니 "다 좋았다."라고 말할 수 있게 됐다. 나보다 먼저 치열한 삶을 살아 낸 수많은 저자들에게 감사와 존경의 마음을 전한다. 그리고 지금, 생존을 넘어 존재로 살아가는 길을 찾고 있는 이들에게 『생존독서』가 작은 징검다리 돌 하나 될 수 있기를 소망한다.

2024년 5월 21일

8년 만에 『생존독서』를 복간하며…

'나는 누구인가? 여기에서 무엇을 하고 있는가? 어떻게 살아야 하나?' 묻고, 또 물어도 도무지 알 수 없었다. 잠을 이루지 못하고 책을 읽었다. 혹여 답을 찾을 수 있으리라는 기대를 품고 읽고 또 읽었다.

10여 년 전 나는 끝도 없이 바닥으로 떨어져 땅바닥에 납작 엎드려 숨조차 제대로 쉬지 못했던 시절이 있었다. 그때 유일하게 내 곁을 지킨 것은 책뿐이었다. 책은 나를 위로했고, 다시 살아갈 수 있게 지혜와 길을 보여 줬다. 그러다 나와 닮은 고통을 가지고도 상담사로, 코치로, 치유센터의 대표로 성장한 여성들을 하나둘 만나게 됐다.

마흔 이전 나는 독서논술 학원장으로 누군가를 가르치기 위해 책을 읽었다. 마흔 이후 나는 내 삶의 주인으로, 작가로 살아가겠다고 선포했다. 그리고 오로지 나 자신의 성장을 위해 책을 읽고 글을 썼다. 그렇게 치열한 시간 속에서 쓴 책이 『생존독서』다. 책은 내가 살아가는 데 필요한 모든 것을 다 가르쳐줬다.

만약 10년 전 나와 같이 길을 찾고 있다면, 간절함과 절박함으로 삶의 돌파구를 찾고 있다면, 『생존독서』에서 답을 찾을 수 있기를 바란다. 스스로 선택한 책을 읽고, 깊은 사색의 시간을 갖다 보면 삶을 관통하는 지혜와 만나게 된다. 지혜를 발견한 사람은 인생의 파도타기를 즐길 수 있다. 더 큰 파도는 더 높은 곳으로 날아오를 수 있는 기회를 선물한다. 비로소 어떤 순간에도 초연할 수 있다. 그저 읽고, 그저 써라.

참고도서

빅터 E. 프랑클 『죽음의 수용소에서』(2000), 제일출판사

황선미 『마당을 나온 암탉』(2002), 사계절

세스 고딘 『세스 고딘 생존을 이야기하다』(2011), 정혜

사무엘 베게트 『고도를 기다리며』(2000), 민음사

줄리아 카메론 『아티스트 웨이』(2012), 경당

헤리 팔머 『뜻대로 살기』(2000), 정신세계사

클로드 M. 브리스톨 『신념의 마력』(2007), 비즈니스북스

마더 테레사 『마더 테레사의 단순한 길』(2006), 사이

리처드 바크 『갈매기의 꿈』(2012), 현문미디어

노안영, 강영신 『성격 심리학개론』(2003), 학지사

오카다 다카시 『나는 상처를 가진 채 어른이 되었다』(2014), 프런티어

유은실 『만국기 소년』(2007), 창비

스튜어트 다이아몬드 『어떻게 원하는 것을 얻는가』(2011), 8.0

루키우스 안나이우스 세네카 『화에 대하여』(2013), 사이

로버트A. 존슨 『당신의 그림자가 울고 있다』(2007), 에코의 서재

앤터니 스토 『융』(1999), 시공사

헤르만 헤세 『데미안』(2004), 문예출판사

타샤 튜더 『행복한 사람, 타샤 튜더』(2006), 윌북

김환 『고객 상담과 심리 상담의 길잡이』(2013), 교문사

김훈 『밥벌이의 지겨움』(2003), 생각의 나무

김훈 『라면을 끓이며』(2015), 문학동네

오제은 『오제은 교수의 자기 사랑 노트』(2009), 샨티

존 브레드쇼 『수치심의 치유』(2002), 한국기독교 상담연구원

에리카 J. 초피크 『내 안의 어린아이』(2011), 교양인

카렌호 나이 『나는 내가 분석한다』(2015), 부글북스

강진령 『집단 상담의 실제』(2011), 학지사

브레네 브라운 『나는 왜 내 편이 아닌가』(2012), 타임북스

강은교 『시간은 주머니에 은빛 별 하나 넣고 다녔다』(2002), 문학과사상사

말로 모건 『무탄트 메시지』(2003), 정신세계사

마가렛 조 『내가 되고 싶은 사람은 바로 나』(2002), 문학세계

사이토 우지다카 『천천히 깊게 읽는 즐거움』(2012), 21세기북스

미하이 칙센트미하이 『몰입의 즐거움』(2007), 해냄

데이비드 호킨스 『의식혁명』(2011), 판미동

닉 부이치치 『닉 부이치치의 허그』(2010), 두란노

박경철 『시골의사 박경철의 자기혁명』(2011), 리더스북

모티머 J. 애들러/찰스 반도렌 『생각을 넓혀 주는 독서법』(2000), 멘토

한우리독서문화운동본부 『독서자료론 독서지도 방법론』(2000), 한우리독서문화운동본부

박노해 『그러니 그대 사라지지 말아라』(2010), 느린걸음

스티브 레빈 『전략적 책읽기』(2008), 밀리언하우스

조영석 『이젠, 책 쓰기다』(2011), 라온북

정형권 『나를 표현하는 글쓰기, 나를 대신 하는 책 쓰기』(2014), 지앤선

남미영 외 『내 인생을 바꾼 한 권의 책 2』(2009), 웅진씽크빅(리더스북)

찰스 핸디 『코끼리와 벼룩』(2002), 생각의 나무

강우현 외 『우유곽 대학을 빌려 드립니다』(2010), 21세기북스

아스트리드 린드그렌 『사자왕 형제의 모험』(2000), 창비

호아킴 포사다 『바보 빅터』(2011), 한국경제신문

피터 드러커 『프로패셔널의 조건』(2012), 청림출판사

버트 런트러셀 『행복의 정복』(2005), 사회평론

소스타인 베블런 『유한계급론』(2012), 우물이 있는집

영화/영상매체

대런 아로노프스키 감독/나탈리 포트만 주연 〈블랙스완〉(2011)

리들리 스콧 감독/맷 데이먼 주연 〈마션〉(2015)

롤랑 조페 감독/로버트 드니로, 제레미 아이언스 주연 〈미션〉(2008)

브레네 브라운 〈취약하다는 것의 힘〉, 〈수치심-나만 그런게 아니야〉, TED 강연 최영환 〈나는 도구다〉, 세상을 바꾸는 시간, 15분 강연

생존
독서

ⓒ 김은미, 2024

초판 2016년 4월 1일
개정판 2023년 11월 9일
개정판 2쇄 발행 2024년 8월 15일

지은이   김은미
펴낸곳   마음성장학교
주소   경기도 안양시 동안구 시민대로 267 아크로팰리스 907호
전화   0507-1343-5431
이메일   maumsungjang@gmail.com
홈페이지 www. maumschool.com

ISBN   979-11-970307-7-2 (03190)